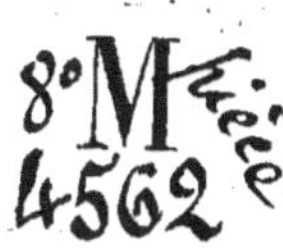

Tracts de l'Union Française

QUELQUES REMARQUES

SUR LA

RÉVOLUTION RUSSE

ET LE

PÉRIL ALLEMAND

par P. Demidovski

UNION FRANÇAISE

ASSOCIATION NATIONALE POUR L'EXPANSION MORALE ET MATÉRIELLE DE LA FRANCE

286, boulevard Saint-Germain, 286

PARIS (VIIe)

—

1919

UNION FRANÇAISE

ASSOCIATION NATIONALE
POUR L'EXPANSION MORALE ET MATÉRIELLE
DE LA FRANCE

286, boulevard Saint-Germain, 286

PARIS (VIIe)

---

*L'*Union Française *groupe toutes les compétences Agricoles, Industrielles, Commerciales, Financières, Scientifiques, Artistiques et Littéraires,*

Pour la réorganisation de la France

Pour le développement de son Agriculture et de son Industrie

Pour l'expansion de son Commerce

Pour l'influence de sa pensée dans le Monde

Par l'Entente entre tous les producteurs, par l'Étude des problèmes d'après-guerre, par des Conférences, par des Missions, par la publication d'une Revue, de Brochures et par l'organisation de Comités en province et à l'étranger,

Donne à ses Membres :

la Revue " LA FRANCE NOUVELLE " qui paraît tous les mois

des Livres et Brochures

des Cartes pour les Conférences de l' " Union Française "

leur demande leur Concours pour LA PLUS GRANDE FRANCE

QUELQUES REMARQUES

SUR LA

RÉVOLUTION RUSSE

ET LE

PÉRIL ALLEMAND

par P. Demidovski

UNION FRANÇAISE
ASSOCIATION NATIONALE POUR L'EXPANSION MORALE ET MATÉRIELLE
DE LA FRANCE
286, boulevard Saint-Germain, 286
PARIS (VIIe)

1919

INTRODUCTION

A l'heure où s'est ouverte la Conférence de la paix, l'angoisse fut grande, parmi tous les patriotes russes, à la pensée que, du fait de la trahison bolcheviste de 1917, la Russie, rayée du nombre des belligérants, ne trouverait dans cette éminente assemblée aucune voix qualifiée pour parler en son nom ; et qu'au moment où l'on s'apprêtait à remanier profondément la carte du monde, personne ne serait là, investi d'un pouvoir régulier pour prendre la défense de ce pays. — qui pourtant paya à la guerre le plus lourd tribut de sacrifices, puisque, à s'en tenir à un seul ordre de faits, *2 millions de ses enfants* (1), au cours des trois premières années, tombèrent aux côtés de l'Entente. On pouvait craindre, encore, que personne ne se levât pour affirmer et faire prévaloir cette vérité certaine ; qu'il importe à l'avenir et à la sécurité même de l'Europe, que la Russie redevienne demain ce qu'elle était hier : une nation grande, unie et forte.

L'intention manifestée par les Alliés, particulièrement par la France, de s'intéresser et d'aider au rétablissement intérieur de la Russie, fut pour les patriotes russes un réconfort, que certaines divergences d'idées qui se sont produites plus tard ont réduit jusqu'à maintenant à n'être plus qu'une espérance. Toutefois, en ce qui concerne le rôle mondial de la Russie, on en a certainement compris toute l'importance, — tout au moins en France. — à ce point qu'un ancien ministre des Affaires étrangères écrivait dernièrement : « *Si la Russie n'existait pas, il faudrait l'inventer* ».

Aussi bien, la Conférence de la paix, avait-elle tout de suite, en une déclaration formelle, reconnu *le peuple russe*, — et par là il faut entendre toute la partie saine et loyale, qui a toujours et malgré tout,

(1) Il faut ajouter à ce chiffre des morts, 5.000.000 de blessés, et 2.000.000 de prisonniers, ce qui fait un nombre total de 9 millions.

aspiré après le retour de l'ordre, et la reconstitution normale de leur pays, — *digne d'entrer dans la Société des nations.*

D'ailleurs, des raisons multiples et d'une indiscutable gravité obligeront nécessairement le Congrès à rétablir *l'unité* russe; car, réduite à une simple expression géographique, la Russie deviendrait pour les organisations sociales de l'Europe occidentale, une véritable épée de Damoclès; et d'autre part, désagrégée, divisée en de nombreux États, elle offrirait aux Allemands une proie véritablement trop facile.

Il faut bien le dire, en effet, en battant l'Allemagne, les Alliés n'ont point brisé ses rêves d'expansion en Occident; loin de là! En raison même de la défaite, qui restreindra son essor économique, en lui enlevant d'immenses débouchés, l'Allemagne va s'efforcer de trouver une compensation à ses pertes; renforcée par les Autrichiens, elle comptera de 80 à 90 millions d'individus, parlant la même langue, animés des mêmes sentiments et des mêmes haines, unis par les mêmes intérêts, qui voudront organiser à leur profit l'exploitation économique de la Russie, et tenteront d'assimiler, ou, pour le moins de tenir en mains, de la manière la plus étroite possible, les peuples slaves sans défense.

C'est précisément, le danger, mortel pour l'Europe, — et qui sait? peut-être aussi pour l'Amérique, — qu'il y aurait à laisser la Russie à la merci des Allemands, que je me propose de démontrer dans les quelques pages qui vont suivre; danger, au reste, sinon immédiat, du moins très prochain, si l'on considère, — comme j'ai l'intention de le faire dans ces notations très brèves, — les facteurs divers et puissants dont l'Allemagne dispose, dès maintenant, pour entreprendre la réalisation de ses projets de conquête.

I

La défaillance militaire de la Russie, et sa défection à l'égard des Alliés s'étant produites au moment le plus critique de la lutte sur le front occidental, le jugement de l'opinion se trouva d'abord particulièrement sévère. Puis, à mesure que les événements se déroulaient, quand on eut constaté l'échec de l'offensive Kerenski, pendant l'été de 1917 (1), l'insuccès des tentatives de Korniloff, de Kalédine et de Doutoff, pour enrayer la désorganisation qui allait amener la paix honteuse; devant le coup de force des bolcheviki, qui, en automne 1917, leur donna le pouvoir; enfin, en présence de la désagrégation et du licenciement de l'armée, les idées se modifièrent; l'évolution fut surtout sensible chez les nations européennes de l'Entente; de la colère, on passa à l'indifférence. Même, un jour vint où les anciens alliés de la Russie en arrivèrent à vouloir se désintéresser d'elle; et ce fut cette tendance qui amena certains milieux gouvernementaux, à contester sérieusement l'utilité et l'opportunité d'un vaste et rationnel programme d'action interalliée destiné à remettre d'aplomb les affaires russes, au triple point de vue politique, financier et économique. On alla même plus loin, puisqu'on envisagea l'éventualité du rappel des représentants des Puissances de l'Entente. Il s'en fallut donc de peu que la Russie ne se trouvât absolument isolée.

En même temps, sous l'influence de la propagande internationaliste, un courant de sympathie sembla s'établir en faveur des bolche-

(1) Cette offensive fut le dernier élan patriotique de l'armée russe; elle fut aussi la dernière manifestation de l'alliance de la Russie avec les démocraties occidentales. On n'oubliera pas que sous l'influence des harangues enflammées adressées aux troupes glorieuses de Broussiloff par le ministre socialiste Albert Thomas, envoyé de la France, des régiments uniquement composés d'officiers, se constituèrent pour donner l'exemple aux soldats démoralisés par la propagande pacifiste; et que l'élite de la bourgeoisie russe, déjà si éprouvée au cours de la guerre, se sacrifia pour la cause de la Patrie et de l'Entente.

viki. On insinuait, qu'après tout, ils étaient au pouvoir, qu'ils avaient réussi à s'imposer, que dès lors on ne voyait pas pourquoi on refuserait de *parler* avec eux; et l'incompréhension de la situation, le désarroi de l'opinion publique étaient tels, que cette détestable et dangereuse propagande réussit à obtenir quelque succès; on en trouva un écho jusque dans les grands journaux démocratiques, à tendances modérées, — ce qui n'est pas le fait le moins curieux, — aussi bien des États-Unis, que de l'Angleterre, de l'Italie et de la France.

On paraissait tellement décidé à abandonner la cause nationale russe, qu'on accueillit avec quelque faveur les plans de désagrégation du vaste empire, et l'établissement sur ses ruines, d'un certain nombre d'États : Ukraine, Caucase, Lithuanie, etc. Il paraît même qu'aujourd'hui encore, cette idée néfaste et, au reste, absurde, du morcellement de la Russie rallie particulièrement dans les pays anglo-saxons, un certain nombre de partisans.

Or, pour quiconque réfléchit, aucune conception n'était plus contraire au véritable intérêt et à la sécurité de l'Entente, et j'ajoute qu'il n'en existait pas de plus conforme aux intérêts de l'hégémonie allemande. En effet, se désintéresser du sort de la Russie, la laisser se débattre seule, parmi les ruines de l'ancien régime tsariste sur lesquelles elle ne pouvait plus s'appuyer, et ballottée d'autre part entre les conceptions idéologiques des différents partis, qui s'autorisaient du principe de la liberté pour instaurer un régime d'anarchie dans lequel l'élément le moins cultivé, le moins intelligent, par conséquent, le moins apte à commander, était précisément désigné pour exercer, non pas seulement le commandement, mais l'autorité la plus absolue et du même coup la plus arbitraire; laisser se créer et s'implanter un tel état de choses, n'était-ce pas livrer la Russie à l'Allemagne, si, comme je me propose de le démontrer, les dirigeants bolcheviki, — recrutés presque uniquement parmi les éléments allogènes — ne sont que les valets intéressés de cette dernière. On peut donc affirmer que cet abandon, cette apathie, ce scepticisme à l'égard des patriotes russes — n'appartenant point aux partis extrêmes — n'ont fait, en réalité, que servir les visées allemandes, dont le programme avait été soigneusement préparé à l'avance.

Et quel programme! Une de ces conceptions tout à la fois habiles et féroces, qui rapidement annihile tout effort de résistance et livre à merci celui qui en est la victime. Un programme en deux parties, dont la première peut être considérée comme l'indispensable préface de la seconde et se résumer en deux mots : *désagréger* et *détruire*; quant à la seconde qui est en réalité la véritable raison du bouleversement méthodiquement entrepris, c'est l'utilisation au profit de l'Allemagne de toutes les richesses naturelles de la Russie, et la mainmise sur ses industries déjà développées et puissantes; en un mot, la création d'un fief immense grâce aux ressources duquel l'Allemagne dominerait le monde.

En vérité, la conception était grandiose, et pour difficile qu'en fût l'exécution, elle a cependant failli réussir, et si l'on n'y prend garde elle pourrait très bien encore constituer dans un temps relativement court, une menace des plus sérieuses pour la tranquillité des États européens.

Voyons donc où en sont les choses, ce qui déjà se trouve réalisé et la possibilité de succès du reste de ce plan gigantesque d'hégémonie mondiale.

La première partie de ce programme, c'est-à-dire l'application de la formule *désorganiser et détruire*, est malheureusement réalisée : le pays est en pleine anarchie, ses aspirations nationales saines et robustes sont momentanément brisées; la Russie s'en va par lambeaux.

Comment un pareil effondrement s'est-il accompli? En réalité très simplement. Il a suffi à l'Allemagne de soudoyer parmi l'élément étranger, un certain nombre de meneurs qui ont exploité d'un côté la lassitude causée par la durée de la guerre, par les souffrances, les deuils, les privations et tout le cortège de maux qui accompagnent nécessairement un cataclysme d'une telle violence — aussi bien dans l'ordre matériel et physique que dans l'ordre moral — et qui ont d'autre part trouvé dans les tendances mystiques de l'âme slave un terrain propice à l'éclosion des germes de démoralisation, habilement dissimulés sous les apparences d'une réaction contre le tsarisme, et à l'abri du grand mot de liberté.

Ce serait, en effet, une erreur de croire que le mouvement bolcheviste ait jamais été un mouvement national. Le bolchevisme est, au contraire et uniquement, une conception allemande, exécutée par des Lettons, des Chinois, des prisonniers hongrois et allemands, commandés eux-mêmes par un groupe d'israélites d'origine allemande. La proportion des Russes ayant mis en exécution les principes bolchevistes n'est guère élevée et ce qui a pu donner le change au regard de l'Entente et des neutres, c'est le soin que ces meneurs ont tous pris de s'affubler d'un pseudonyme de forme russe, comme Trotski, par exemple, dont le véritable nom est Bronstein, ou Zinovieff, qui se nomme en réalité Apfelbaum.

Je me borne, ici, à signaler le fait, me réservant d'examiner plus loin les raisons profondes qui ont amené une partie de l'élément israélite à jouer un pareil rôle.

La seconde partie du programme consistait à utiliser au profit de l'Allemagne les richesses naturelles de la Russie, et à mettre la main sur ses industries, déjà développées et puissantes; et pour parvenir à ce résultat, de réunir et de faire coopérer à cette fin tous les éléments germanophiles, nombreux, hélas! dans l'ancien empire des tsars; il fallait, de plus, anéantir et discréditer tous les efforts des patriotes, et rendre suspecte l'intervention des Alliés; en un mot, il s'agissait de procéder à l'asservissement économique et intellectuel de la Russie à la *Kultur* prussienne.

Quand l'exécution de ce plan commença, la question de l'urgence d'une intervention efficace des Alliés se posa, surtout en France; car dès lors, le péril de l'absorption de la Russie par l'Allemagne apparaissait dans toute son acuité; il se dénonçait lui-même, dans la dénonciation des engagements financiers de l'empire, dans la confiscation du commerce et de l'industrie par le gouvernement bolcheviste et la remise simultanée de leur contrôle entre les mains des Allemands, dans le régime des concessions accordées à ces derniers, dans les mesures d'ostracisme employées à l'égard des éléments ententophiles et antiallemands, et dans les persécutions dont ils furent l'objet.

Malheureusement, les circonstances n'étaient guère favorables; la situation était grave; les empires centraux, en un dernier sursaut d'énergie, donnaient un effort colossal pour obtenir la victoire, l'ennemi était, pour ainsi dire, aux portes de Paris; la France avait donc assez de défendre son existence; et l'excuse était valable que Clemenceau donnait à son refus d'intervenir, en la forme au reste magnifique « Je fais la guerre!... »

Quelque urgence que présentât la situation de la Russie, l'heure, il faut en convenir, n'était pas à une intervention lointaine; et d'ailleurs les moyens matériels, à ce moment, manquaient. Force fut donc d'attendre.

Cependant, dès la signature de l'armistice, on revint sérieusement à l'idée d'une intervention (1). La conception malencontreuse de

(1) Dans les clauses de l'armistice, on envisagea l'éventualité du remplacement

l'entrevue de Prinkipo a tout compromis. Or cette conception à la fois injurieuse pour les vrais patriotes russes, infiniment dangereuse pour la sécurité des pays de l'Entente, et par-dessus tout ridicule, est le résultat des efforts tentés par une fraction, la moins saine à la vérité, des partis socialistes, et surtout de la pression de l'élément internationaliste; efforts destinés non pas à influencer l'opinion publique, franchement hostile à toute compromission avec les bolcheviki, mais à agir sur les gouvernements, trop facilement enclins à ménager, comme l'on dit familièrement, la chèvre et le chou, et à vouloir concilier des principes contradictoires et des intérêts incompatibles.

Quoi qu'il en soit, on ne saurait trop regretter le temps d'arrêt que marque la réalisation de cette intervention, sous quelque forme qu'elle soit, en laquelle, malgré tout, nous espérons et dont les résultats bienfaisants auraient alors été facilités, en un sens, par la marche même de la révolution. En effet, pendant que les Alliés enlevaient de haute lutte la victoire, les événements avaient marché; ils avaient, pourrait-on dire, avancé à pas de géant; la boucle de la révolution sociale russe avait été bouclée en vitesse, et c'est cette rapidité même qui explique pourquoi, dès maintenant, une aspiration sincère vers le retour à l'ordre commence à s'emparer des couches profondes du peuple.

Aussi bien, le soi-disant paradis terrestre dans lequel l'ont introduit les bolcheviki, ne le satisfait nullement; il s'y trouve désemparé, malheureux, livré qu'il est à une exploitation plus grande encore que celle dont il souffrait sous l'ancien régime. Il ne tardera pas à regretter, si ce n'est déjà fait, ses anciens bergers qui, du moins, offraient cet avantage d'une même origine slave et parlaient comme lui la langue russe.

Il commence à se rendre compte, avec son bon sens inné, que les bons apôtres qui ont fait miroiter devant lui les perspectives séduisantes d'une oisiveté éternelle, largement rémunérée, l'entraînent vers un servage autrement odieux et terrible que celui dont Alexandre II l'avait autrefois affranchi; je veux dire vers le joug de l'étranger haï et méprisé.

Pour se rendre compte des conditions particulières de la Grande-

des troupes d'occupation allemandes en Ukraine par les troupes alliées. Odessa et les autres ports de la mer Noire ainsi que Bakou et Arkangel furent occupés par les contingents anglais, américains et français, on négocia même avec les Japonais pour assurer leur intervention en Sibérie.

Russie et de sa mentalité, il ne faut pas perdre de vue que plus de 85 0/0 de sa population est engagée dans les travaux agricoles. Or, de tous temps et dans tous les pays, les paysans ont été conservateurs, c'est-à-dire moins aptes que les autres classes de la population à renoncer aux traditions du passé pour s'adapter à de nouvelles formules. Les masses paysannes russes s'efforcent d'autant plus à se raccrocher au passé, que dans l'effroyable cataclysme économique qui désole la Russie et la plonge dans la détresse, elles sont restées relativement les seules possédantes et les seules, en une mesure, à l'abri de la misère. Les paysans ont, le printemps dernier, (1918), ensemencé, sinon la totalité, du moins la majeure partie de la terre cultivée avant la guerre. Des informations sûres annoncent que les récoltes ont été exceptionnellement abondantes; dans les campagnes, on n'a pas manqué de pain. Des réserves ont été faites qui sont gardées jalousement; les paysans ne se soucient pas, en effet, de troquer leur blé contre le papier-monnaie bolcheviste que des émissions illimitées ont complètement déprécié, et comme ils ne peuvent obtenir en échange de leurs produits des articles de première nécessité, qui leur font totalement défaut, tels que fil, tissus, clous, haches, essieux, faux, etc., ils les gardent. La masse terrienne, qui déjà, sur plusieurs points de la Russie, est en révolte armée contre les bolcheviki, se confinera de plus en plus dans une attitude hostile à leur égard, n'ayant rien d'ailleurs à attendre d'eux puisque la mainmise sur les terres de la couronne et des propriétaires date du début de la révolution.

Il faut connaître la psychologie du moujik pour comprendre le sentiment d'inquiétude qui est demeuré dans son âme au sujet de la légalité de ses accaparements. Il envisage avec crainte l'éventualité d'une restitution possible, et peut-être prochaine, aux anciens propriétaires, des biens acquis par violence; il pense qu'il devra aussi payer des indemnités pour les dommages qu'il aura causés aux légitimes propriétaires. Il voudrait qu'une reconnaissance officielle ou plutôt légale du partage des terres intervînt au plus vite, qu'elle fût définitive et pour cela qu'elle émanât d'un gouvernement *national et fort, légalement élu par la volonté du peuple.* Le régime bolcheviste ne représente à ses yeux, et à juste titre du reste, qu'un gouvernement usurpateur qui s'appuie sur une garde prétorienne, composée de façon hétéroclite, partie avec la lie de la population, partie avec des Chinois, des Lettons, des juifs, des prisonniers hongrois, allemands, etc., comme je l'indiquais tout à l'heure. Plongé dans l'anarchie, le paysan n'est pas en état de se ressaisir lui-même; il supporte avec résignation le malheur qui a fondu sur le pays et sur lui et il attend avec impatience le moment où les dictateurs maximalistes seront balayés.

Tenons pour certain qu'il accueillera avec satisfaction tout gouvernement qui ramènera l'ordre, et si, en fin de compte, les manœuvres des Allemands, aidés des bolcheviki, devaient dans un avenir plus ou moins rapproché provoquer un mouvement de restauration, les paysans se soumettraient docilement et attendraient *du souverain* la sanction de leurs revendications séculaires. Il est à présumer que les puissances de l'Entente réussiront à déjouer les combinaisons germano-bolchevistes en vue d'un retour du régime autocratique et que la solution de la question agraire sera le premier souci du gouvernement démocratique et populaire attendu de tous.

« C'est être victime des apparences les plus trompeuses, dit le docteur Gustave Le Bon, dans sa *Psychologie du socialisme*, que de croire aux instincts révolutionnaires des foules. Leurs soulèvements ne sont que des fureurs d'un instant. Reprises par leurs tendances conservatrices, elles retournent vite au passé et viennent d'elles-mêmes réclamer la restauration des idoles que, dans un moment de violence, elles ont brisées. L'histoire, depuis un siècle, porte à chaque page la marque de ces tendances. A peine la Révolution française avait-elle terminé son œuvre de destruction, presque tout ce qu'elle avait renversé, institutions politiques et religieuses, fut rétabli sous de nouveaux noms. Le fleuve détourné pendant un instant reprit son ancien cours. »

Toutefois, chez les peuples, la durée des périodes de maladie et de convalescence est, d'ordinaire, plus longue que chez les individus.

Le mouvement révolutionnaire en France, au cours de la grande révolution, n'a atteint son apogée que quatre ans après sa première manifestation, la prise de la Bastille.

La période de troubles traversés par la Russie au début du XVIIe siècle, *la grande débâcle de l'État moscovite*, comme l'ont nommée les Russes qui l'ont vécue, la *Tragedia Moscovitica*, comme elle a été désignée par les contemporains à l'étranger, a duré environ quinze années (de 1598 à 1613). Une certaine analogie peut être établie entre cette période et celle par laquelle passe la Russie en ce moment. La fin d'une dynastie coïncide avec une invasion étrangère; il en résulte que l'union nationale des diverses régions de l'État moscovite est rompue; des idées de séparation naissent, un soulèvement général du peuple contre les classes dominantes et aisées d'alors se déchaîne avec une violence inouïe... L'avènement au trône d'une nouvelle dynastie, celle des Romanoff, et l'expulsion de l'ennemi mirent fin à cette première révolution du peuple russe. La cadence de la révolution actuelle est certes beaucoup plus accélérée. En moins d'un an, elle était entrée dans la phase finale de l'anarchie. Par contre, les événements considérables et angoissants qui ont amené le cataclysme, continuent à exercer leur influence, en se succédant sans interruption. L'ennemi, bien que battu, continue à s'infiltrer partout. L'aube du réveil national commence seulement à poindre.

Le relèvement de la Russie dépendra de la manière plus ou moins énergique dont pourront intervenir divers facteurs, de caractère parfois contradictoire, et de leur degré d'influence; ces facteurs que nous allons maintenant étudier étant de nature à favoriser ou à contrecarrer ce réveil du sentiment national et la manifestation des forces centrifuges qui ont si puissamment aidé, pendant des siècles, à constituer l'empire russe.

II

Pour accomplir son œuvre de pénétration, ou plutôt de captation, l'Allemagne peut compter sur deux facteurs principaux, dont l'un à la vérité est la conséquence de l'autre, je veux dire ses intrigues en Russie, et l'appui des éléments allogènes, qui se résume actuellement dans l'agitation judeo-bolcheviste et le mouvement séparatiste soigneusement encouragé au profit de la conspiration allemande. Sans doute, le bolchevisme est appelé à disparaître à brève échéance, par la raison qu'il est proprement un état de crise; mais sa disparition ne supprimera pas le danger que fait courir à la Russie, et du même coup à l'Entente, l'aide que l'Allemagne peut trouver dans les éléments allogènes; car le mouvement bolcheviste est la résultante d'un état de choses habilement exploité par les agents de l'Allemagne, mais que ces derniers n'ont pas créé, et qui tient à la constitution politique de la Russie.

Il est aisé de s'en rendre compte, si l'on regarde comment était organisé l'ancien régime.

L'ossature de la monarchie était constituée par le tsar, dernier représentant d'une dynastie mise, ou soi-disant mise sur le trône par le peuple, et par là même supposée en communion étroite avec ce dernier par le moyen d'une bureaucratie, choisie par le tsar, et chargée d'exécuter les volontés de celui-ci; par l'armée et par la police, dont le rôle était d'assurer la sauvegarde de l'empire à l'extérieur et sa sécurité au dedans; enfin, par le clergé orthodoxe qui avait pour mission de gouverner l'âme du peuple. Et parce que le tsar se trouvait être précisément le chef suprême de la religion orthodoxe et du clergé, l'autocratie prenait par là, aux yeux du peuple, on ne sait quel caractère sacré, qui la faisait en quelque sorte participer à la divinité.

Cependant, en fait, la majeure partie du peuple russe, c'est-à-dire toute la masse rurale, les ouvriers, les commerçants, les industriels, les classes intellectuelles, était exclue de toute intervention dans la politique du pays. Les classes rurales étaient uniquement de la chair à impôts. Quant aux ouvriers, aux commerçants, aux industriels et aux intellectuels, on les tolérait comme une sorte de mal nécessaire, tout en les tenant en défiance.

Toutefois, à mesure que s'opérait le développement matériel et intellectuel du plus grand nombre, on vit les aspirations du peuple tout entier grandir et prendre corps : dans les classes rurales, s'éleva la question de la possession de la terre, et de sa juste répartition entre les ouvriers agricoles; la suppression par là même de la grande propriété et des immenses domaines appartenant soit à l'État, soit à l'Église. En même temps les idées socialistes se répandaient de plus en plus dans les milieux ouvriers; et les questions modernes de la journée de huit heures, de l'arbitrage, du contrôle du travail, prenaient de plus en plus d'importance. Enfin, les classes intellectuelles tenues en suspicion, aspiraient à prendre part à la direction politique du pays; elles tendaient vers l'avènement d'un régime libéral constitutionnel, par la représentation nationale.

Devant ces aspirations et grâce à l'influence de la guerre désastreuse russo-japonaise, qui mit en évidence les défauts et les faiblesses de la machine gouvernementale, le tsar et le gouvernement furent bien forcés de faire des concessions. Celles-ci se traduisirent, dans le domaine rural, par le développement de l'action de la banque impériale paysanne, qui avait pour but le rachat des terres et leur partage entre les paysans.

D'autre part le ministre Stolipine, qui enraya la révolution de 1905, eut l'idée, pour éviter la révolution agraire, d'instituer la petite propriété rurale, et de préparer ainsi l'évolution du pays, à passer du communisme rural au système de la propriété privée.

Malheureusement, les mesures du gouvernement étaient hésitantes et partielles; on n'eut jamais le courage d'affronter carrément le problème en adoptant la seule mesure qui aurait pu aplanir la difficulté, c'est-à-dire en instituant une loi d'impôt progressif sur la propriété, qui, certainement, au bout d'une dizaine d'années, aurait fait disparaître les latifundia des grands propriétaires, et nivelé la propriété rurale (1).

(1) Le projet d'un impôt sur ce revenu fit pourtant l'objet d'une étude de la part du gouvernement. Une commission interministérielle fut constituée à cet

Tandis qu'il faisait ces concessions, le gouvernement du tsar se voyait dans la nécessité d'en faire d'autres aux aspirations libérales et démocratiques du pays, en consentant à introduire dans la constitution politique, le facteur de la Douma; rouage caduc, et de portée trop limitée, avec des droits insuffisants, et qui, pourtant, n'en devenait pas moins un organisme inquiétant pour le gouvernement, et un sujet de conflit permanent avec ce dernier; conflit, au reste, absolument inutile, et préjudiciable à la bonne gestion du pays.

Au fond, ce furent toujours les aspirations ouvrières, socialistes par conséquent, qui retinrent davantage l'attention du gouvernement tsariste, — étatiste par essence, — et qui, partant, était plus favorable au régime social qu'au régime démocratique; et de fait, la Russie a été, après l'Allemagne, le pays dans lequel la législation ouvrière a été le plus développée : assurance obligatoire des ouvriers, création imposée aux sociétés industrielles, d'écoles, d'hôpitaux, d'églises, etc.

En dépit de ces concessions, le mécontentement demeurait; les paysans continuaient à rêver de la possession de la terre, les ouvriers, de l'avènement du régime socialiste, les intellectuels de l'établissement d'une démocratie constitutionnelle. Malgré tout, la machine gouvernementale tsariste fonctionnait, et il serait injuste de ne pas reconnaître les grands progrès réalisés dans le développement matériel du pays : sous l'empire des réformes, le rendement de l'agriculture s'améliorait d'une façon très sensible; de plus en plus, le paysan s'enrichissait; l'industrie était prospère.

Le pays était donc en pleine évolution économique; et cette évolution démontrait péremptoirement la valeur des forces vitales de la Russie — qui s'était relevée si rapidement, après la guerre japonaise et la révolution qui s'ensuivit — lorsque éclata la guerre.

Sur le coup, cette prospérité intérieure contribua grandement à l'union sacrée de toutes les classes, au cours des deux premières années de la guerre; les allogènes eux-mêmes marchèrent avec les Russes, et tombèrent avec eux, pour le maintien de l'intégrité du pays. On n'oubliera jamais l'accueil enthousiaste qui fut fait à l'armée

---

effet, en 1905, après la guerre russo-japonaise. Il est curieux de noter que parmi les membres de cette commission, deux seulement se prononcèrent en faveur de la réforme précitée, et que ces deux membres appartenaient à des partis absolument opposés. En effet, l'un était M. Gourko, sous-secrétaire à l'Intérieur, conservateur; l'autre, M. Poutilov, sous-secrétaire aux Finances, franchement libéral.

russe à Varsovie, et dans la Pologne, lors de la libération de cette ville, au moment de la première ruée allemande, la part héroïque prise dans les faits de guerre par les indigènes du Caucase, dont la division a été commandée par le frère du tsar, le grand-duc Michel, enfin la gloire dont se sont couverts les régiments lettons, qui participèrent si vaillamment à repousser l'offensive allemande contre Riga en 1916.

Par malheur, la vaillance de l'armée russe, et son élan victorieux, devaient se briser contre le manque d'organisation, et contre l'insuffisance de matériel technique. Il se produisit alors dans le peuple un sentiment de malaise, à constater l'insuffisance du gouvernement à conduire la guerre à bonne fin; ce malaise s'accrut de la désorganisation économique du pays; désorganisation qu'il faut surtout attribuer à l'impéritie de la gestion militaire, que les circonstances avaient amenée à se mettre à la tête de la vie économique totale de l'empire. Son incompétence se manifesta particulièrement dans les transports et la mobilisation; et si l'on réfléchit qu'à la fin de 1916, il y avait près de 12.000.000 d'hommes mobilisés dont la majeure partie constituant l'arrière de l'armée, mal nourrie, mal équipée se démoralisait dans l'oisiveté, on comprend le mot d'un ministre français disant du général Shouvaieff, le dernier ministre tsariste de la Guerre : « Ce n'est pas un ministre, c'est une catastrophe! »

Or, à ce moment, et par la force même des choses, la rancœur nationale rendit le tsar responsable de tout le mal; et c'était logique, sinon juste; puisque en somme il restait indubitablement le maître.

Déjà avant la guerre, son entourage, les calomnies allemandes contre l'impératrice, la scandaleuse affaire Raspoutine, avaient rendu le tsar personnellement moins sympathique; d'autres raisons, encore, avaient, à son égard, disposé défavorablement l'opinion publique; la révolution se fit, pour ainsi dire, automatiquement.

Dans le début, elle fut nettement nationale, et l'Allemagne commença de regretter d'avoir non seulement encouragé, mais pour la meilleure part, créé ce mouvement; il s'agissait donc de rétablir les choses à son profit : pour cela elle créa le bolchevisme, grâce à l'appui de l'élément international juif et allogène, le plus puissant facteur de pénétration que les Allemands possèdent en Russie.

Le bolchevisme, en effet, n'est pas et n'a jamais été un mouvement politique. Étranger à la révolution, il en a, au contraire, interrompu le cours en s'emparant du pouvoir. Produit direct de l'ancien régime, le bolchevisme venge aujourd'hui sur la Russie les injures que l'oppression du tsarisme infligea naguère au judaïsme. Et, parce qu'il est juif, il entend non seulement se venger, mais tirer de sa vengeance un large profit; de là le dépouillement des classes bourgeoises, de là aussi la fortune scandaleuse réalisée en quelques mois par tous les juifs meneurs du bolchevisme, *et dont tout le monde peut trouver l'indication suivante dans les journaux aussi bien russes qu'étrangers parus à diverses époques.*

Personne n'ignore, par exemple, que Parvus, de son vrai nom Goldfandt (né à Odessa), qui sert à Copenhague avec une égale habileté les intérêts des Allemands et ceux des bolcheviki, est plusieurs fois millionnaire, et ce n'est certes pas son « Institut pour la recherche des suites sociales de la guerre » qui lui a valu une telle fortune, mais bien plutôt le fait que par son intermédiaire, l'or allemand passait en Russie pour alimenter le bolchevisme.

L'Austro-Polonais Karl Radek (Sobelshon), qui après avoir fait tant de mal à la Russie n'hésita pas à se mettre, en janvier de cette année, à la tête du mouvement spartakiste allemand, lui aussi est un nouveau riche du bolchevisme. Je dis nouveau car le personnage encourut jadis une condamnation pour vol, ce qui montre bien qu'il ne fut pas toujours dans l'opulence.

Après le meurtre d'Ouritzki (Radomislky), on constata que ce commissaire de la lutte envers la contre-révolution, la spéculation et le sabotage, n'avait pas perdu son temps pendant son court passage aux affaires, puisqu'il y avait réalisé une fortune.

Le compte personnel du représentant bolcheviste à Stockholm, Vorovski, à l'*Enskilde Bank*, dépassait 1.250.000 couronnes en novembre 1918. Et c'est là une somme insignifiante si on la compare à toutes celles qui sont à la disposition des bolcheviki à Stockholm. C'est ainsi que 15 millions de couronnes pouvaient être en quelque sorte officiellement, et sans que le gouvernement suédois eût le droit de soulever la moindre protestation, affectés à des buts ténébreux de politique bolcheviste.

Gourovski, ancien commissaire des Finances, apporte à Stockholm, 70 millions de roubles de papier-monnaie et 20 millions de roubles de platine. A la fin de novembre dernier, Scheiman, attaché commercial à la légation bolcheviste de Stockholm, importa en Suède 94 millions sous prétexte d'achats alimentaires en Danemark, en réalité pour faire de la propagande.

Au train de vie que mènent ces gaillards, il est compréhensible qu'ils ont eu la précaution de prendre des assurances contre le retour des mauvais jours, éventualité au reste de plus en plus menaçante.

Ganetski, de son vrai nom Furstenberg, le principal lieutenant de Parvus, fut convaincu de contrebande par le contrôle de l'exportation danoise. Arrêté, on l'expulsa. Grâce à l'intervention de Parvus, il put revenir à Copenhague, cette fois en qualité de sous-directeur de la Banque d'État de Pétrograd. Il habita l'hôtel Phénix et s'inscrivit comme diplomate. Au printemps 1917, la presse russe parla beaucoup de lui et de son séjour à Copenhague. C'était le temps où Lénine et ses amis, arrivés à Pétrograd, y poussaient à fond leur propagande bolcheviste. Un publiciste connu, Saslawsky, leur adversaire, qui s'efforçait de compromettre les chefs bolchevistes, dirigea ses attaques contre Ganetzki, il consacra plus de dix articles à démontrer qu'à la tête des bolcheviki se trouvait un contrebandier connu et condamné au Danemark. Ses articles causèrent une certaine émotion et furent reproduits dans les journaux de province. Les attaques devenant de plus en plus vives et Saslawsky ayant demandé ouvertement pourquoi Ganotzki, alors à Pétrograd, ne répondait pas, ce dernier partit pour Stockholm d'où il envoya un télégramme où il déclarait l'affaire de contrebande imputable à l'une de ses expéditrices, et se bornait à exprimer son mépris pour les journalistes bourgeois.

Ganetzki resta à Stockholm jusqu'en novembre et reçut à la Banque d'État de Pétrograd un poste important quand les bolchevistes s'emparèrent du pouvoir.

Ganine, l'ambassadeur bolcheviste à Copenhague (de son vrai nom Garfield), remplit dans les pays scandinaves un rôle à la fois de diplomate et de propagandiste. Il mène avec sa femme et son fils un train de vie fastueux qui a rendu rêveurs les soldats russes, évadés d'Allemagne et détenus dans les camps, qu'il a essayé de gagner à la cause du bolchevisme.

Dans ces pays du Nord, qui sont le foyer le plus actif de la propagande bolcheviste à l'étranger, nous voyons arriver le 1er novembre 1918, Schapschal qui débarque à Stockholm avec dix malles pleines d'argent.

Puis c'est le représentant officiel du bolchevisme à Copenhague aux côtés de Garine : Rosenblum, premier secrétaire, et encore les agents Fridberg, Pudnik, Feldhausen, Axelbod (Schneerson) chef du bureau de presse « Roste », très activement secondé par sa femme, Rosenblatt, Kassmann, connu pour ses importants trafics sur les roubles; Léo Baum, Grossmann, etc.

On trouve aussi William Spiro, ami de Ganetzi, ancien libraire d'Odessa à qui la politique extrémiste a permis d'acheter villa et automobile.

Le nombre est si grand des hauts dignitaires bolchevistes qui sont d'origine juive; il y en a tant et tant, qu'il est impossible de les dénombrer.

Citons seulement pour mémoire :

Trotsky (Bronstein), ce commissaire du peuple à la Guerre qui est en réalité grand-maître du bolchevisme;

Stekloff (Nachamkes), rédacteur en chef des *Investia*, le meilleur journaliste du clan bolcheviste;

Martoff (Zederbaum), président du Soviet des commissaires du Nord;

Kameneff (Rosenfeld), président du Soviet de Moscou;

Krilenko (Abramoff), généralissime des armées bolchevistes;

Soukhanoff (Gimel), un des chefs bolchevistes sibériens qui aurait été tué;

Bogdanoff (Zikberstein), journaliste bolcheviste;

Larine (Lurie), président du Conseil supérieur de l'économie publique;

Riasanoff (Goldenbach), un des principaux orateurs; Chernomoz (Chernomordkin); Maklakovsky (Rosemblum); Lapinsky (Loewensohn); Corey (Goldmann). Solntzeff (Bleichmann), Platnitzky (Zivin); Zvesdin (Veinstein), etc.

En général, ces fils indignes d'Israël ont eu la précaution de prendre un masque russe. C'est de la prudence, et l'on sait qu'ils n'en manquent pas.

La proportion des Juifs parmi les meneurs du mouvement bolcheviste parait être au minimum de 95 0/0; on s'explique à le constater, l'obstination et la rage avec lesquelles se poursuit la désorganisation de la Russie et l'on comprend pourquoi l'influence et les intérêts allemands rencontrent en Russie une telle faveur et y sont si ardemment défendus (1).

(1) La cause bolcheviste-allemande se trouve soutenue par une nuée d'aventuriers, d'hommes d'affaires et de banquiers louches, pour la plupart d'origine israélite qui, à la vérité, n'adhèrent pas directement au bolchevisme, mais tirent un large profit personnel de l'état de choses créé par ce dernier. Cette bande de spéculateurs peu scrupuleux ayant choisi pour résidence la Suisse et les pays scandinaves, constitue une véritable agence financière des bolcheviki à l'étranger. C'est par ce canal que sont versés les fonds considérables destinés à alimenter la propagande extrémiste dans tous les pays, et que sont écoulés les objets d'art, les pierres précieuses, l'or et l'argent volés en Russie; c'est enfin parce

A côté de ces israélites on trouve d'autres éléments qui n'ont rien de russe; notamment des lettons dont le marin Peters, président du Comité de la lutte contre la « Contre-Révolution » à Moscou, l'homme le plus puissant de la république des Soviets, est le type le plus en vue; Glazounoff, de son vrai nom von Schultze, de nationalité allemande, etc., tout aussi germanophiles, bien entendu, que les premiers.

La majeure partie des socialistes de tous les pays ont renié les bolcheviki. Ils ont publié des ordres du jour déclarant que les pratiques maximalistes n'ont rien à voir avec les théories socialistes. Celles-ci, très respectables, ne peuvent admettre qu'on parle de justice et d'égalité là où il se trouve un opprimé. Que les bolcheviki sont loin de cette doctrine! Ils ont opprimé, terrorisé, saigné aux quatre veines la Russie tout entière, et malgré cela ils se disent les prêtres d'une religion qui doit installer le paradis sur la terre, et qui même l'y aurait déjà instauré.

Le socialisme des bolcheviki n'est pas une nouveauté, on le connaissait depuis longtemps, à la vérité sur une moins grande échelle; et les Cartouche, les Bonnot l'avaient pratiqué en France; en Italie, la *Main noire* se chargea de le révéler; Pougaychev fut le précurseur du bolchevisme russe qui alors s'appelait plus modestement banditisme. Bien qu'il soit de même essence, le bolchevisme diffère du banditisme par l'argumentation quasi-scientifique à l'aide de quoi il prétend s'imposer. La propagande littéraire dont les bolcheviki inondent tous les pays, — ceux du moins qui veulent bien se laisser faire, — en arrive ainsi à gagner quelques adhésions théoriques. Ces sentimentaux dont la bonne foi s'est trouvée surprise, ne comprennent pas qu'ils se font les complices des pires criminels, car il faut le dire, le bolcheviste a tout de suite trouvé ses plus fervents et plus fermes adeptes parmi la lie du peuple et les criminels. Dociles instruments du gouvernement bolcheviste, ils pillent, assassinent et torturent tous les maudits bourgeois, — et plus particulièrement ceux qui ne mon-

même canal que se constituent les fonds de réserve des chefs bolchevistes, qui se préparent d'avance à fuir Pétrograd et Moscou, quand viendra le moment critique. Et à ce propos, M. Robert Vaucher dans *l'Enfer bolchevik* nous édifie, en ce qui regarde Trotski : « Il employait pour cette opération, écrit-il, son beau-frère Jivatovski, qui recevait chaque semaine... des sommes variant entre 2 et 10 millions, soit, en tout, plus de 300 millions de roubles. Le gouvernement suédois mit fin à ces trafics en expulsant Jivatovski. » Il se réfugia alors à Copenhague où il continua ses pratiques en envoyant, au dire des journaux, des sommes considérables en Argentine.

trèrent qu'une sympathie relative envers les Allemands, — avec la même désinvolture que les coupe-jarrets de jadis. Leurs chefs idéologues, puisqu'il en est parmi eux, me rappellent cet austère général prussien qui trouvait de bon ton de cueillir une fleur au corsage de la jeune fille que ses soldats venaient de fusiller sur son ordre et de la garder en souvenir. Les adeptes du bolchevisme qui l'admirent à distance ne réfléchissent donc pas que le geste du général est aussi coupable que celui de la brute qui a tué.

Vers 1880, Dostoïewsky, dans son roman *les Possédés* analysant les courants souterrains qui commençaient de gronder en Russie, et menaçaient déjà l'édifice gouvernemental, annonçait l'apparition d'un nouveau fléau de l'humanité, plus dangereux que la famine et la guerre et entièrement inconnu jusqu'au XIXe siècle : *la Demi-Science*. Or celle-ci est un despote tel qu'on n'en a encore jamais vu de semblable. Il a ses prêtres et ses fidèles qui se prosternent à ses pieds et l'adorent en tremblant.

Le bolchevisme, émanation directe de cette demi-science, voit la science elle-même s'agenouiller lâchement devant son autel. L'objet du culte est la Haine. Que seraient-ils devenus ces prêtres du bolchevisme, si la Russie eût brusquement reconquis sa vitalité, sa prospérité? De force ou de gré, ils auraient dû déchirer leur malfaisant Évangile.

On ne trouve chez eux qu'une haine animale, illimitée à l'endroit de la Russie. Ils sèment la mort à tort et à travers autour d'eux, simplement parce qu'il est plus facile de décapiter par le sabre, de fusiller, de faire périr sur le bûcher que d'avoir des idées.

Ces créateurs d'anarchie ont, du premier coup, appliqué la formule qui devait donner les résultats les meilleurs et les plus immédiats et que Dostoïevski résumait ainsi dans l'un de ses plus admirables romans : *Fermez les églises et détruisez la famille.*

Dans ce pays de paysans croyants, ils ont voulu imposer l'athéisme, sachant bien que c'était là le plus sûr moyen de désorganisation, puisque c'était, par la négation de Dieu, la négation même de tout principe d'autorité. C'est précisément ce que l'auteur des *Possédés* exprimait d'une façon si curieuse en faisant dire à l'un de ses personnages épisodiques : « *Si Dieu n'existe pas, comment donc puis-je rester capitaine?* » — *Ayant dit, il prit son chapeau et sortit.*

Et en effet, il n'y avait pas autre chose à faire.

Robespierre, dans son célèbre rapport du 18 floréal an II, sur le culte de l'Être suprême et l'immortalité de l'âme, remarquait très justement l'utilité de l'idée de l'existence de Dieu, comme principe du droit et de la justice : « Ce qui supplée, écrivait-il à l'insuffisance de l'autorité humaine, c'est le sentiment religieux qu'imprime dans les âmes l'idée d'une sanction donnée aux préceptes de la morale par une puissance supérieure à l'homme ». Et il ajoutait : « Celui qui, sans remplacer Dieu ne songe qu'à le bannir de l'esprit des hommes, me paraît un prodige de stupidité et de perversité. Quels sont, en effet, les fruits de l'athéisme, sinon le chaos, le vide et la violence ! »

Je ne voudrais pas terminer ce chapitre sans aller au-devant d'une fausse interprétation, que pourrait amener mon appréciation sur les juifs, au sujet du bolchevisme ; il me déplairait, en effet, que l'on pût se méprendre sur mon sentiment.

J'ai dit que parmi les chefs et meneurs du bolchevisme, 95 0/0 étaient de nationalité juive ; et le fait étant incontestable, il n'y a là rien que l'on puisse me reprocher. Mais si cela est vrai, c'est-à-dire si la presque totalité des dirigeants bolcheviki est composée de juifs, il ne s'ensuit pas, cependant, que tous les juifs soient des bolcheviki ; loin de là. On peut même dire que la partie saine de la population juive est antibolcheviste, et qu'elle a donné au cours de la guerre et de la Révolution, des preuves irrécusables du loyalisme et du patriotisme. Personne n'ignore que la plus grande partie des cercles israélites est non seulement restée étrangère aux menées bolchevistes, mais qu'elle les a nettement condamnées. Le nombre, au reste, est considérable des israélites, qui sont tombés au cours de la guerre pour la défense du pays, et tout le monde sait que parmi le parti des Cadets, et dans tous les milieux éclairés, on rencontre quantité de juifs entièrement dévoués au sentiment national.

Ceci étant, je crois utile d'indiquer d'une façon plus précise, comment une partie des israélites a été amenée à prendre part au mouvement bolcheviste, alors que les autres en reniaient les principes et les procédés terroristes, — d'ailleurs absolument contraires à toute possibilité de gouvernement.

Cela tient, avant tout, à ce que cet élément de désordre est composé uniquement, — ou peu s'en faut, — de *juifs étrangers*, j'entends nés hors de Russie ou émigrés ; c'est, de plus, que ces juifs échappés des ghettos de divers pays, ont apporté dans leur mouvement révolutionnaire tout un passé de haines et de souffrances, d'injustices sans noms et sans nombre, que les circonstances leur permettaient d'assouvir et de venger. Et il y a là, je ne dirai pas une atténuation, mais du moins une considération, dont celui qui entend les juger doit tenir compte.

Or, précisément, parce qu'ils étaient étrangers, ils n'ont pas eu le contrepoids de l'amour de la patrie et rien ne les a retenus dans l'explosion de leur vengeance. D'autre part, cette vengeance a été d'autant plus violente, que le caractère juif est plus entreprenant; il était donc naturel que les juifs prissent sur les Russes un avantage facile, en s'alliant aux autres éléments allogènes dont se composent les soviets et les gardes-rouges.

De leur côté, les israélites de nationalité russe ont trouvé dans leur patriotisme la force de résister à tout entraînement. Il ne s'agit donc pas d'envelopper ici indifféremment, dans un même blâme, tous les israélites; il faut, au rebours, faire le départ entre les bons et les mauvais, et pour être juste, on peut affirmer que, tout mis en balance, et malgré l'action néfaste des bolcheviki, le nombre des bons l'emporte sur celui des mauvais.

Si donc on peut trouver quelque dureté dans mon appréciation sur les juifs bolchevisants, ou sur le rôle des juifs allemands et internationaux, dans la question de la pénétration germanique, la raison en est seule, le danger que ces allogènes font courir à la Russie; car il ne s'agit dans ma pensée, ni d'attiser une haine de race, ni de satisfaire aux rancunes de quelque préjugé suranné.

Ceci dit, afin d'éviter tout malentendu et toute fausse interprétation, examinons comment s'est opérée et comment s'opérera, si l'on n'y prend garde, l'invasion économique de la Russie par l'Allemagne et le rôle qu'y jouera nécessairement l'élément juif.

III

De tout temps — et particulièrement dans la période où la vie leur était plus difficile — les Allemands qui se trouvaient à l'étroit chez eux, ont volontiers émigré. Naturellement, ils ont choisi de préférence les pays les plus riches; et de là vient leur prédilection marquée pour la Russie.

La guerre s'achevant pour eux en défaite, les Allemands ruinés et malheureux vont recommencer à s'expatrier. Où iront-ils? Ils ne peuvent plus compter sur leurs colonies; les États-Unis d'Amérique et l'Australie se fermeront devant eux; et comme, malgré leur platitude et leur servilité, ils ne peuvent songer à envahir de longtemps les pays de l'Entente, c'est donc en Russie qu'ils se rueront en masse. Ils iront là, plutôt qu'ailleurs, non seulement par force, mais parce qu'ils trouveront une aide certaine et sûre, dans l'élément allogène que représentent aujourd'hui les bolcheviki, mais qui persistera en partie, comme un atout sérieux pour l'Allemagne, même après la disparition de ces extraordinaires gouvernants.

C'est précisément là-dessus que compte l'Allemagne pour réaliser son plan de colonisation de la Russie, et rattraper très vite les pertes que lui a causées la guerre.

Au reste nous allons le voir, ils ne feront en cela que reprendre, pour ainsi parler, une habitude déjà ancienne.

En effet, où allaient les Allemands avant la guerre? Ils allaient, — nous le verrons plus loin, — en Russie, et dans les pays au delà de l'Océan.

Pour ce qui concerne ces derniers, l'*Histoire de l'Allemagne*, de Lamprecht, et le *Statistichs-Jahrbuch* fournissent sur l'émigration allemande au delà de l'Océan les indications précises que voici :

Chiffre total par périodes de *cinq années* :

1871-1875	319.750	**1895-1900**	142.497
1875-1880	385.193	**1900-1905**	140.774
1880-1885	980.215	**1905-1910**	135.649
1885-1890	331.196	**1910-1915**	104.412
1890-1895	448.810		

De ces chiffres, on peut seulement déduire que de 1871 à 1915, trois millions d'Allemands environ quittèrent leur pays à bord de paquebots. Pour quels pays? Voici encore des indications statistiques :

	1895	1913
États-Unis	32.303	19.124
Brésil	1.405	140
Amérique (reste)	2.352	6.129
Afrique	896	32
Asie	134	»
Australie	211	359

Sur l'émigration austro-hongroise, les mêmes auteurs donnent les renseignements suivants :

De 1881 à 1885, moyenne de *30.000 par an*;

En 1913 : 310.000, plus *301.000 ouvriers saisonniers*;

De 1909 à 1913 : perte brute d'un million d'habitants.

J'emprunte aux sources américaines les indications qui suivent. Ce sont des chiffres relevés au moment où la guerre mondiale battait son plein, et ils ne sauraient par conséquent être confrontés avec ceux mentionnés plus haut. Je les rapporte à titre documentaire.

Au 1er janvier *1917* se trouvaient aux États-Unis :

350.000 Allemands et 1.075.000 Austro-Hongrois.

Elles constataient à la même date la présence aux États-Unis de : *2.893.538 personnes nées en Allemagne et de 2.824.689 personnes nées en Autriche-Hongrie.*

De 1910 au 1er janvier 1917, ajoutent les Américains, *l'immigration* allemande a été de : 392.205 ; l'immigration autrichienne de : 586.764; l'immigration hongroise de : 565.343.

En regard de ces évaluations, il n'est pas sans intérêt de placer les chiffres relatifs au mouvement des Allemands vers leurs colonies, d'après les statistiques officielles de Berlin :

On notait, en 1912, dans le Togo qui est grand comme la Bavière, la présence de *345 Allemands*; dans le Cameroun, une fois et demie plus grand que la métropole, *1.537* Allemands; dans l'Afrique du Sud-Ouest, qui représente près de deux fois la superficie de l'Allemagne, 14.816 Teutons; dans l'Afrique occidentale, deux fois plus grande que l'Allemagne, 4.866 Allemands; à Kiao-Tchéou, en Asie orientale, dont la superficie égale celle du territoire de Hambourg, 3.896 Allemands.

Un ouvrage publié en 1914 par les juristes allemands Paul Laband, Jellineck, Frantz von Listz : *Handbuch der Politik*, constate que les Allemands manifestent ces dernières années une répugnance de plus en plus grande à quitter leur pays. Ils en voient la raison dans la prospérité de l'empire qui, de plus en plus, retient les Allemands chez eux où ils gagneront largement leur vie. Le docteur Wirth, de Munich, qui consacre un chapitre de cet ouvrage à « l'expansion économique de l'Allemagne et aux efforts d'outre-mer », se demande si l'on doit compter comme de véritables Allemands les *6 millions de juifs, parlant la langue allemande*, qui sont répandus sur toute l'étendue de l'empire russe.

Lamprecht, dans son *Zur Jungsten Deutschen Vergangenheit* (n° 2, p. 551), estime à 30.000 environ le nombre des colons allemands en *Russie d'Asie* vers 1900.

Total de l'émigration allemande *au XIXe siècle* : environ *5 millions*.

On a remarqué dans les chiffres que nous avons reproduits plus haut que l'émigration allemande vers les États-Unis a atteint son apogée de *1880* à *1885*. Sitôt après, elle a subi un fléchissement extraordinaire, passant de 980.215 à 331.196. C'est que les Allemands établissaient chez eux un régime de protectionnisme, qui devait réduire de plus en plus l'exode de leurs nationaux du côté de l'Océan.

Pour la Russie, il en allait tout autrement. En dehors de 6 millions de juifs parlant l'allemand dont il est question d'autre part, on peut évaluer à 3 millions environ le nombre des Allemands établis en Russie. Dans ce chiffre, il faut compter un bon nombre d'industriels et de commis-voyageurs, ces derniers remuants et souples, se pliant facilement aux exigences de la clientèle russe, parlant souvent sa langue et s'adaptant même à ses mœurs et à ses coutumes.

L'infiltration de l'élément teuton dans les cercles marchands russes, l'influence et le contrôle qu'il exerçait sur certaines branches de l'industrie (par exemple, sur celle de l'électricité (1), sur le marché

(1) A titre d'illustration, il est curieux de remarquer que l'un des membres les plus influents des Soviets, et au reste l'un des rares Russes qui s'y trouvent, est M. Krassine, qui ayant reçu son éducation technique en Allemagne, entretenait avant la guerre des relations étroites avec l'industrie allemande.

de cuivre, du manganèse, etc.) et en même temps sur plusieurs établissements de crédit, ont contribué à créer entre l'Allemagne et le monde des affaires en Russie, avant la guerre, tout un faisceau de relations puissantes et constantes, qui auront tendance à reprendre de plus belle.

Cette activité allemande en Russie se traduit par des chiffres qui ne sont à l'avantage ni de la France, ni des Alliés.

M. Ischanian, économiste arménien, se référant à des statistiques officielles berlinoises, a établi que de 1901 à 1905, les importations allemandes représentaient *35 0/0* et les importations françaises, *4,3 0/0* du total des importations étrangères en Russie. Dix ans plus tard, en *1913*, l'Allemagne fournissait à la Russie *52,7 0/0* du total de ces importations et la France seulement 4,6 0/0. Et ceci démontre l'écrasante supériorité commerciale de l'Allemagne.

M. Henri Lichtenberger dans son ouvrage : *l'Allemagne moderne et son évolution* (1907), a mis en lumière le prodigieux développement de l'Allemagne. Dans une plaquette qui est comme le complément du premier ouvrage : *l'Impérialisme économique allemand* (1918), l'éminent membre de l'Institut de France écrit :

« L'exportation apparaît, en définitive, comme la condition d'existence *sine qua non* d'une masse croissante d'Allemands. Le produit du travail allemand étant évalué à 47 milliards de marks par an, soit 11 à 12 milliards de marks pour l'agriculture et 35 milliards de marks pour l'industrie, on estime qu'un sixième environ passe la frontière. Or cela veut dire qu'un sixième de la population adonnée à l'industrie, c'est-à-dire environ 5 millions de personnes (en comptant les travailleurs et leurs familles), vivent de l'exportation et *se trouveraient sans moyens d'existence si l'exportation allemande venait à être supprimée.* »

Les colons allemands de Russie sont puissamment organisés, parce qu'Allemands.

Les 11 et 12 avril 1918, il tinrent un congrès à Odessa. 700 délégués représentaient les 2 millions de colons allemands qui sont, les uns dispersés dans l'ensemble de l'ancien empire russe, les autres groupés en Volhynie, en Bessarabie, en Crimée et dans les pays de la Volga. Dans ces dernières régions, les colons allemands constituent une population agricole, active et aisée, possédant une bonne partie du sol.

C'est la guerre qui a suscité le mouvement de ces colons. Par les décrets de février et de décembre 1916, ils devaient être expropriés;

mais comme on ne voulait pas se priver de leur activité agricole, on laissa traîner les choses en longueur jusqu'à ce que la révolution de février 1917 eût arrêté la liquidation. Dès lors, les colons s'organisèrent, et en mai 1918, se constitue « l'Union des citoyens russes de nationalité allemande de toute la Russie ». Cette union demandait au gouvernement allemand de faire reconnaître le droit des colons allemands à se gouverner eux-mêmes, droit proclamé par les bolcheviki. L'union des colons réclamait la formation d'un état autonome dans la Bessarabie méridionale. Là, en effet, se trouve déjà un noyau important de colons allemands. De 1814 à 1822, dix-sept colonies allemandes s'y étaient établies. Dans la seconde moitié du XIXe siècle, le nombre des colonies s'élevait à vingt-sept. Au début de la guerre, on comptait deux cents communautés allemandes possédant au moins 400.000 hectares. Malgré leur long séjour au milieu du peuple russe, ces colons allemands n'ont jamais fusionné avec lui. Ils ont gardé intégralement leur langue, leur religion, leurs mœurs et, comme on l'a vu, un attachement indéfectible à la mère patrie et à la *Kultur* germanique. Il n'y a pas à se dissimuler que la *Kultur* trouve des admirateurs et des partisans dans toutes les classes de la population russe, tant dans les cercles socialistes des demi-lettrés et demi-civilisés, qui reconnaissent comme seuls et uniques prophètes du socialisme Karl Marx et Liebknecht, que parmi les savants, les professeurs, les médecins, dont l'érudition est puisée dans la science allemande.

Les documents que nous produisons montrent l'importance extraordinaire de l'influence que les Allemands possédaient en Russie avant la guerre; ils montrent aussi qu'elle est restée très grande pendant la guerre et que toutes les dispositions sont prises pour la maintenir plus importante encore (1).

Ce sont les Allemands, on le sait, qui ont permis aux bolcheviki de prendre le pouvoir. Ils ont organisé leur armée rouge, à laquelle ils ont fourni tous les instructeurs. Ils lui ont donné aussi son haut état-major en la personne de généraux germanophiles qui, pour la plupart, leur avaient rendu des services précieux pendant la guerre et parmi lesquels on peut citer :

Le chef d'état-major des armées bolchevistes, le général Bontch-

(1) L'étude approfondie des influences allemandes en Russie, que nous indiquons ici de façon très sommaire présenterait un intérêt capital pour les pays de l'Entente qui devront nécessairement s'intéresser à la reconstitution morale et matérielle de la Russie.

Brouevitch, ancien chef d'état-major du général Roussky, qui pourrait se voir un jour et avec raison, attribuer certaine trahison (échec de l'offensive de Riga, 1916) dont la responsabilité avait été rejetée sur la tête de l'impératrice.

Le général Samoylo, ancien adjoint du quartier-maître général du front ouest, commande les troupes bolchevistes du front d'Arkangel.

Le général Odintzoff et quelques autres encore.

Le rôle de ces officiers généraux imposés aux bolcheviki est de servir les Allemands; ils s'en acquittent au reste avec conscience. De même que les Kourloff, les Guerassimoff, les Kommissaroff, chefs du bureau de la haute surveillance politique, et tant d'autres fonctionnaires germanophiles de l'ancien régime installés également auprès des bolcheviki par les Allemands.

Si, en ce moment, en fait de nationaux de l'Entente, il n'existe que quelques centaines d'individus, les uns emprisonnés, les autres soumis à la surveillance de la police, il y a, par contre, des centaines de mille d'Allemands qui, sous le pavillon bolcheviste, font librement de la banque, exploitent les industries et préparent les voies à l'expansion allemande vers l'Est, la principale cause de la guerre. Les projets allemands en Russie et en Sibérie, nous les trouvons un peu partout. Le professeur Albrecht Wirth, dans *Volkstum und Weltmacht in der Geschichte* (1906), page 235, déclare cyniquement : « Pour vivre, pour avoir une vie saine et joyeuse, nous avons besoin d'immenses étendues de terre arable. Voilà ce que doit nous procurer l'impérialisme. L'Allemagne peut recueillir les fruits de la politique russe, elle n'a qu'à oser... A quoi nous servirait un germanisme florissant au Brésil et dans l'Afrique du Sud? Ce serait peut-être bon pour l'accroissement de la race allemande, mais cela servirait bien peu à la puissance de l'empire allemand. Par contre, un agrandissement du territoire continental allemand, une multiplication des paysans allemands sur le continent, de ces paysans dont l'activité et la capacité de travail dépassent de cent coudées la stupide indolence des moujiks russes, constituerait une digue solide contre les flots de nos ennemis et une base sérieuse pour notre puissance sans cesse grandissante. » Les mêmes arguments se retrouvent dans *West Russland und Seiner Bedeutung für Entwicklung Mitteleuropa* (la Russie occidentale et son importance pour le développement de l'Europe centrale) avec une introduction de *Sering* (Leipzig, 1917).

Werner Daya dans son ouvrage : *Der Aufmarsch in Osten (Russisch-*

Asien als Deutsches Kriegs-Wirtschaftsziel) indique tout d'abord ce que serait la Sibérie si elle était aux mains de l'Allemagne.

« Ce pays est aujourd'hui, dit-il, au seuil de son évolution, prêt s'il est guidé par un état européen avancé, à devenir le rival et l'égal des États-Unis et du Canada : il deviendra l'un des plus puissants producteurs de froment, l'un des plus grands éleveurs de bétail, l'un des plus riches exploiteurs de mines, il sera un centre manufacturier des plus importants et une des plus grosses entreprises commerciales du monde entier. »

« Si nous sommes en mesure, ajoute-t-il, de créer une sphère économique qui nous mettra en étroit contact et en relations suivies avec la totalité de l'Asie, nous aurons la possibilité, dans une guerre à venir, non seulement de tomber sur les Indes, d'y renverser l'influence anglaise, ou de rejeter les Anglais à la mer, mais encore d'assurer notre complète indépendance dans l'importation des matières premières — mentionnons spécialement les cuivres et le coton — et de frustrer ainsi les Anglais dans leur espoir de conquêtes économiques. »

Et Daya de démontrer que cette politique continentale allie l'Allemagne si étroitement au Japon qu'avec la Russie, ces puissances seraient en état d'enserrer le vieux monde dans un cercle de fer dont la force de résistance briserait toute velléité d'agression.

De l'avis de notre auteur, la mise en pratique des plans germaniques ne ferait que tendre à l'avantage de la Russie, cette dernière étant trop arriérée pour savoir exploiter ses propres richesses. La Russie pays agricole, l'Allemagne pays industriel, celle-là n'exporterait que ses produits agricoles, celle-ci les objets de son industrie. La Russie ne perdra rien en laissant à l'Allemagne la latitude d'exploiter librement son marché, car cette dernière aura des considérations pour les faiblesses nationales et leur accordera bien quelques libertés.

« Il va sans dire, poursuit Daya, que la Russie ne doit pas être exploitée jusqu'à ses dernières ressources, auquel cas l'exaspération pourrait la pousser à se révolter contre son oppresseur. Cette exploitation devra être faite en douceur, afin de ne pas humilier les Russes; il faudra y apporter des soins et ne pas blesser leur amour-propre. Si avec tout cela la Russie n'était pas contente, nous pourrions toujours lui rappeler qu'elle n'a pas le choix dans la matière. »

L'auteur s'efforce de prouver que l'Allemagne ne demandera pas à la Russie plus qu'elle n'a demandé et obtenu « de tout autre pays retardé dans son développement économique, comme, par exemple, la Chine et l'Amérique du Sud ». Pour la Russie, la seule différence sera « que nous tâcherons de couvrir la totalité du pays d'un réseau de concessions et cela dès le début et si systématiquement que nous posséderons toutes les garanties nécessaires en vue du développement intérieur du pays, ce qui différenciera notre position de celle que nous occupons dans les autres contrées ».

Le plan général de l'asservissement économique de la Russie consiste à peu près en ceci : La Russie est considérée comme ayant contracté envers l'Allemagne un *capital passif* de dette, dont les intérêts et l'amortissement doivent être payés par l'exploitation des droits économiques russo-asiatiques.

L'auteur de cette combinaison, qui ne manque ni d'ampleur ni d'ingéniosité, estime que la Russie en tirera les plus grands avantages. A son avis, les Alliés se désintéressent complètement de la Russie nouvelle; ils ne lui prêteront ni aide financière, ni appui politique. Désemparée et ruinée par son régime actuel, la Russie devra forcément se tourner vers sa voisine de l'Ouest. Elle pourra se cabrer au début sous la tutelle que celle-ci lui imposera, mais elle finira par s'y faire, surtout quand elle verra tous les avantages que cette tutelle saura lui assurer. Les sympathies que les libéraux russes peuvent nourrir à l'égard de l'Angleterre et des États-Unis d'Amérique, disparaissent devant cette évidence.

On peut lire aussi le livre de M. Goebel, ancien attaché commercial à l'ambassade à Pétrograd, conçu dans le même esprit.

Leurs projets, les Allemands emploieront toute la ténacité de leur race pour les réaliser. Nous allons les retrouver d'autant plus dangereux qu'ils ont été battus. Et ceci n'est pas un paradoxe, car ils s'évertueront à réaliser leur rêve dans la mesure même où les conditions économiques de leur pays paraîtront le leur commander. Ils ont dans leur jeu des atouts formidables (1), qui leur permettront de réaliser la colonisation qu'ils projettent de la Russie : leurs colons déjà installés dans les territoires convoités, leurs prisonniers en Russie, la pénétration juive, le régime bolcheviste.

(1) Au nombre de ces atouts mentionnons les individus de langue, de culture et de discipline allemandes qui se trouvaient hors d'Allemagne vers l'année 1900 : Europe, environ *16 millions*.
Autres continents, 12 millions, soit :

États-Unis	10.000.000	Afrique	623.000
Amérique du Nord. .	400.000	Océanie	110.000
Amérique centrale. .	18.000	Asie.	88.000
Amérique du Sud . .	500.000		

Depuis qu'ils se sont emparés du pouvoir, les gouvernants bolchevistes n'ont eu d'autre souci que de servir les Allemands, qui les ont si puissamment aidés. Pour n'être pas gênés par les Alliés, ils ont, les premiers temps, tenté de traiter avec eux. Ils demandaient par l'organe de Tchitcherine, le préposé aux Affaires étrangères, que l'Entente consentît à les reconnaître, en échange de quoi ils garantissaient tous les intérêts financiers des Alliés en Russie. Et maintenant encore, au moment où la Conférence de la paix entend mettre les bolcheviki au pied du mur, ne voit-on pas Litvinoff, l'ancien ambassadeur à Londres, proposer à nouveau, — de Stockholm où il réside, — les offres de Tchitcherine? Les bolcheviki voudraient avoir les mains libres. Ils ont entrepris l'extermination méthodique des propriétaires fonciers et ils entendent la conduire à bonne fin, en les faisant tous disparaître. Un accord avec les Alliés leur donnerait toute latitude pour accomplir cette œuvre qui mettrait la Russie aux mains des Allemands. Car les gentilshommes fonciers russes disparus, seront remplacés par des juifs, par des Allemands, qui déjà achètent les terres soit directement, soit par l'entremise de tiers et deviennent peu à peu les véritables propriétaires. Cela s'est passé dans la Petite-Russie au temps où sévissait l'hetman Skoropadski. Si aucune entrave n'était rapidement apportée à ces pratiques, on pourrait voir dans un avenir prochain, la Russie devenir propriété allemande. Les bolcheviki, et d'autre part les Allemands partisans de la même devise : « La force prime le droit », sont également barbares. Pour cette raison, ils devaient nécessairement se rencontrer et s'associer. Elle est vieille cette philosophie allemande qui tendait à démontrer qu'il n'y a pas, qu'il ne saurait y avoir pour les États rien qui ne ressemble à ce qu'on est convenu de nommer responsabilité. Au regard de cette philosophie, la responsabilité, la morale et la justice n'appartiennent qu'aux individus; l'État ne les connaît pas; et à plus forte raison celui qui représente l'État par excellence, l'État allemand ne saurait-il appliquer d'autre loi que la « Force ».

Cette théorie prussienne bien connue suivant laquelle l'État est au-dessus de la morale et de la responsabilité, c'est celle même que les bolcheviki s'efforcent de faire prévaloir pour le plus grand profit de l'Allemagne.

Allemands et bolcheviki usent de tous les moyens pour atteindre ce but. Leurs efforts de propagande séparatiste et internationaliste sont connus. Contradictoires en apparence, les deux systèmes se proposent le même objet. Ils sont dominés par l'idée d'asservir intellectuellement la Russie pour la destruction de la bourgeoisie et de l'intelligence, et de bouleverser toute son organisation matérielle afin de permettre aux Allemands d'imposer leurs méthodes et de refaire une Russie qui serait ainsi véritablement allemande.

Ce projet, les Allemands de la Commission d'armistice de Spa l'ont bien laissé deviner, le 15 janvier 1919, aux délégués de l'Entente, quand ils ont déclaré qu'il y avait encore en Russie, le 5 janvier, dix-neuf divisions, maintenues dans l'intérêt de la colonisation intérieure. Or, l'on ne saurait trop le répéter, cette colonisation, cette pénétration économique de l'Allemagne en Russie, recevra un appui considérable grâce à l'immigration de la population juive habitant la Pologne et les gouvernements du Sud et du Nord-Ouest de l'ancien empire touchant la Russie.

Du fait que les barrières élevées par l'ancien régime pour empêcher cette invasion ont disparu, l'immigration juive prendra nécessairement un essor de plus en plus important. Les raisons faciles à démêler en sont visibles. Incrustée parmi la population rurale de la Pologne, de la Russie Blanche et d'une partie de l'Ukraine, disséminée surtout dans les grandes et les petites villes de ces régions, dont elle forme souvent la majorité de la population, la masse juive — qui peut s'évaluer à huit ou neuf millions — représente véritablement un État dans l'État; car elle reste séparée des aborigènes, par la différence de race, par la religion, les mœurs et les coutumes. Limité dans ses droits civiques par l'ancien régime russe, tenu en humiliation perpétuelle par les propriétaires aussi bien russes que polonais, toléré par le restant de la population, qui, au fond, lui reste hostile, le contingent israélite, sous l'influence des circonstances historiques, et poussé par ses aptitudes naturelles, s'est donné presque entièrement au négoce. A force de persistance et de travail, il est arrivé à tenir virtuellement dans ses mains tout l'échange commercial des pays dans lesquels il s'est établi. En fait, aucune transaction, de quelque nature qu'elle soit, vente, achat de terrain ou d'immeuble, affaire de commission, ne s'effectue sans l'intermédiaire d'un juif. Mais malgré les bénéfices énormes qu'ils retirent de leurs transactions, ils sont beaucoup trop nombreux pour que leurs ressources suffisent à assurer à tous une existence décente; dans son ensemble, la masse sémite vit misérablement. De là, émigration constante vers l'Amérique. Quand la Pologne sera redevenue un État indépendant, la question juive constituera pour elle, comme elle fut pour l'ancien empire russe, un problème d'une rare importance. On peut déjà prévoir que le gouvernement polonais, quelque libéral qu'on le suppose, ne manquera pas de favoriser par tous les moyens, l'immigration en Russie des israélites. Cet exemple sera suivi par tous les pays autonomes, qui vont surgir dans les régions occidentales de l'ancien empire. Et le *drang nach osten* des juifs ira sans cesse s'agrandissant.

Les États-Unis d'Amérique, pays d'immigration par excellence, ont reconnu les premiers la nécessité de se protéger contre l'invasion des non-valeurs des autres pays : c'est pour parer à ce danger que fut promulguée la loi relative aux citoyens *indésirables*. Il est évident que la Russie nouvelle, reléguée à l'est, et qui n'est pas séparée des récents États, qui apparaissent à l'ouest de ses frontières, par la largeur de l'Océan, ne sera pas à même d'enrayer une imigration, fût-elle indésirable. D'ailleurs, un gouvernement russe, quelles qu'en soient les tendances et la forme, éprouverait toujours une répugnance certaine à user d'une pareille arme, complètement discréditée par l'emploi inique et abusif, qu'en a fait si longtemps l'ancien régime.

En une mesure, l'immigration sémite en Russie pourrait d'ailleurs être considérée, dans les conditions actuelles, comme un aide utile au relèvement du pays; l'élément juif, actif et commerçant, agissant comme le fait la levure dans la fabrication du pain, serait capable de ranimer le fonctionnement normal de l'organisme russe, entièrement arrêté par la guerre et la révolution. Et sans doute, la diffusion de quelques millions d'israélites dans une population slave qui se chiffre par une centaine de millions, semblerait même désirable, si, malheureusement elle n'était pour les Allemands un des moyens les plus sûrs d'assujettissement économique de la Russie. Cette menace, hélas! est d'un caractère trop réel. Pour s'en rendre compte, il suffit de considérer que toute la population juive des anciennes provinces occidentales de la Russie et de la Pologne s'exprime en un idiome, qui n'est autre qu'un patois allemand mêlé d'hébreu. C'est précisément cette circonstance qui a si puissamment facilité l'expansion économique allemande dans ces régions, en dépit des barrières douanières élevées par le gouvernement russe, qui s'efforçait de maintenir une politique protectionniste. La conquête économique de la Pologne par l'Allemagne se faisait méthodiquement, progressivement nonobstant l'opposition des Polonais, grâce au concours des juifs, détenteurs de tout le négoce du pays et entièrement fascinés par les conceptions commerciales et les procédés d'expansion germaniques. Les juifs deviendront tout naturellement des agents précieux pour l'Allemagne, parce qu'ils sont tout acquis à leur *Kultur* et à leur manière. La mainmise de l'Allemagne sur la Russie sera, de la sorte, facilitée par l'exode juif.

Le seul remède serait une propagande inlassable et méthodique dans les milieux hébraïques, pour les soustraire à l'influence allemande; la création d'écoles sous la direction des Alliés, pour l'éducation de la jeunesse juive destinée à vivre et agir en Russie; mesures qu'il serait urgent d'appliquer si l'on veut parer au danger que je viens d'exposer. Ces initiatives devraient être prises par des organisations israélites indépendantes, par le clergé et par la bourgeoisie israélite éclairée de l'occident et d'outre-mer.

IV

J'ai montré jusqu'ici les atouts que les Allemands possèdent dans leur jeu et j'ai exposé les raisons qui expliquent pourquoi, forcément, nécessairement, ils iront émigrer en Russie. Il me reste donc à déterminer les facteurs dont l'Entente peut disposer, et qui sont les décisions de la Conférence de la paix, et son pouvoir d'intervention; elle trouvera aussi un sérieux et sûr facteur d'action, dans la nécessité pour la Russie d'une unité nationale.

C'est donc de la manière dont l'Entente usera de ces moyens, que dépendra l'indépendance de la Russie, sa reconstitution intérieure, et son retour à la place que, normalement et de toute nécessité, — dans l'intérêt même des pays de l'Entente, — elle doit occuper en Europe.

On ne semble pas, en effet, se rendre assez compte de cette vérité que, quels qu'aient pu être les résultats de la victoire des Alliés, par les armes, si ces résultats ne devaient pas entraîner la reconstitution de la Russie dans ses anciennes frontières, la vie des pays occidentaux de l'Europe demeurerait instable et toujours menacée. Amputée de la Russie, l'Europe ne saurait prétendre à une existence normale. Découpée en de nombreux petits États, ne possédant plus la moindre unité nationale, la Russie, en raison même de son voisinage, verrait l'influence allemande s'exercer librement sur son territoire. Elle deviendrait aussi un foyer d'intrigues internationales, et constituerait un danger permanent de conflits bien plus dangereux que ne le furent jamais les pays balkaniques.

Les causes de conflagrations sanglantes dont, de tout temps, ces malheureux pays furent le théâtre, procédaient de la nécessité impérieuse qui se dressait devant eux :

1° De se libérer de la domination des Ottomans;

2° De pratiquer les délimitations territoriales conformément aux origines et aux langues ;

3° D'obtenir accès à la mer.

On trouve les mêmes causes à la base de la politique extérieure du monde slave oriental. Après avoir secoué le joug des Tartares et constitué, sous l'égide du peuple grand-russien, l'État moscovite, la Russie, au XVIIIe siècle, entrait en contact étroit avec les pays occidentaux de l'Europe, par la porte que Pierre le Grand ouvrit sur la Baltique. Tout de suite le peuple russe comprit que la condition essentielle de son existence et de son développement était la possession d'un accès à la mer.

Toutes les guerres que la Russie mena contre la Pologne, la Suède, la Turquie et le Japon, au cours des siècles derniers, n'avaient d'autre objet que de consolider ses intérêts maritimes. Si divers pays comme l'Esthonie, la Livonie, la Courlande, l'Ukraine, etc , obtenaient, soit leur indépendance, soit une autonomie si large, qu'elle fût, de nature à compromettre l'équilibre et l'unité fédérative du pays, la Grande-Russie se trouverait rejetée de nouveau en deçà de ses frontières. Sa situation serait alors sensiblement plus mauvaise qu'au début du XVIIe siècle, puisqu'à cette époque, les régions baignées par la mer Baltique étaient à peine peuplées et celles qui bordaient la mer Noire. ne représentaient qu'un vaste *no man's land* que l'émigration moscovite colonisa. Déjà la population grand-russienne, dont le nombre ne dépassait pas dix millions d'âmes, se sentait mal à l'aise dans la vaste plaine où elle se trouvait comme encerclée faute de pouvoir respirer l'air maritime. Elle étouffait littéralement. Actuellement, la population de la Grande-Russie est montée de 10 à 100 millions au moins, et si l'on réfléchit qu'en raison des qualités prolifiques de la race, ce chiffre de 100 millions sera dans quelque temps dépassé, peut-on vraiment imaginer qu'une telle masse pourra se soumettre aux entraves qui gêneraient le fonctionnement normal de son appareil respiratoire? Comment admettrait-on que des différends ne surviendraient pas forcément, entre voisins continentaux et maritimes de l'ancien empire russe? Et dès lors, pourquoi ces incidents ne seraient-ils pas susceptibles de troubler la paix en Europe, malgré tous les efforts de médiation de la Société des Nations.

Il n'y aura de sécurité que dans la seule reconstitution et l'apaisement de ce pays. C'est l'unique façon d'assurer la reconnaissance du sentiment national de toute la population slave, de beaucoup la plus prépondérante, sur le reste des éléments allogènes de l'ancien empire. A l'exception de la Finlande — de tout temps hostile à la domination slave — la plupart de ces éléments : Esthoniens, Lettons, Lithuaniens, Tartares, Arméniens, Géorgiens, Kalmouks, Kirghis, Sartes, etc., n'avaient jamais eu jusqu'à présent de velléités séparatistes; même celles qui leur ont été suggérées, pendant la révolution, par l'agression bolcheviko-germanique ne se manifestent aujourd'hui que par à-coups hésitants, indices du caractère artificiel du mouvement.

La création de petits États dans les limites de l'ancien empire serait chose trop anormale pour pouvoir durer. Je sais bien que si l'unité de la Russie se refaisait d'un seul coup, elle briserait les rêves de bon nombre d'ambitieux (1), qui ont rêvé d'être quelque chose, soit en Lithuanie, soit en Géorgie, soit en Ukraine, comprenant en effet qu'ils avaient des chances infiniment moindres de présider aux destinées de la Russie ou simplement de prendre une place en vue dans la direction des affaires du grand pays. Ont-ils compté avec le peuple russe, ces intrigants qui ne songent à l'autonomie de leur pays, que pour satisfaire leur soif d'arrivisme?

Pas assez à mon sens. Le peuple slave uni par ses traditions séculaires, par sa religion, aura toujours son centre de gravité en Grande-Russie. Il ne pourra admettre longtemps d'être affaibli et divisé; il supportera le morcellement de la grande et puissante patrie tant que le malheur et le désordre régneront, mais sitôt cette période passée, il ne pourra tolérer l'œuvre de désagrégation accomplie.

Le Russe, d'avant la guerre, était très fier d'appartenir à une puissante et forte nation. Au contact des formidables épreuves endurées, son patriotisme se trouvera comme retrempé. Tout de suite il comprendra que les divisions introduites dans son pays sous couleur d'autonomie, n'ont d'autre objet que de le mettre à la merci des convoitises germaniques. Délivré enfin des tourments de la guerre, de la révolution et du bolchevisme, le peuple russe entendra recouvrer son unité, et par elle sa force d'antan. La Société des Nations comprendra ce désir légitime, naturel, et reconstituera certainement le bloc slave. S'il devait en être autrement, le peuple lui-même se chargerait de cette réalisation. Malheur alors à ceux qui voudraient se mettre en travers de ses légitimes aspirations.

Car ces aspirations concordent avec la nécessité logique. Quelle serait, en effet, l'attitude du monde slave devant l'alternative qui se pose devant lui, et qui est précisément la reconstitution de l'ancienne

---

(1) Et certains de ces ambitieux ne pourraient-ils être au service des Allemands comme le fut Skoroparski?

Russie, comme foyer du panslavisme, ou bien remettra-t-il ce rôle de défense contre une agression allemande toujours possible, entre les mains d'un pays plus puissant, et, par exemple, de la Pologne ressuscitée? Évidemment seule la première éventualité est possible. C'est un fait certain : c'est le peuple russe qui fut le principal créateur des petits États de la péninsule balkanique. Comme le fait justement remarquer le professeur anglais Ramsay-Muir, dans son remarquable ouvrage *Nationalisme et Internationalisme*, il a fait preuve d'une sympathie positive pour les races assujetties des Balkans, proches parentes, pour la plupart, des Russes et appartenant presque toutes à l'église grecque. Ce ne fut donc pas le désir de dominer, mais une sympathie véritable et sincère qui anima l'intervention de la Russie dans les Balkans.

C'est pourquoi cette puissance, pourtant despotique, a été, dans cette région, l'amie et la patronne des libertés nationales, et l'on peut dire que tous les petits États balkaniques tiennent d'elle leur indépendance. Durant la première moitié du XIXe siècle, comme résultat de deux guerres (1824 et 1828-1829), elle aida à établir l'indépendance de la Grèce, elle conquit l'autonomie locale pour une petite partie de la future Serbie et pour les deux provinces de Moldavie et de Valachie qui, plus tard, furent réunies pour former la Roumanie. Sur tous les points, elle rencontra l'opposition de l'Autriche qui empêcha la réalisation d'une partie de ses projets.

A part le cas du crime à l'égard de la Pologne, dans lequel elle a trempé ses mains, de complicité avec l'Autriche et l'Allemagne, la Russie a donc été de tous temps un facteur puissant du réveil du sentiment national parmi toutes les populations slaves, y compris celles qui entraient dans la composition de l'Autriche.

Les Tchèques, les Slovaques, les habitants de la Bosnie et de l'Herzégovine et jusqu'aux Ruthènes de la Galicie, tous tendaient à reconnaître dans la Russie le haut protecteur de leurs aspirations légitimes.

Les échecs militaires russes, les maladresses habituelles du gouvernement tsariste, dont il donna un nouvel exemple au cours de l'occupation de la Galicie par l'armée impériale, la révolution et les tendances séparatistes qu'elle engendra, la peur enfin des extravagances sociales du gouvernement bolcheviste qui déclarait la guerre à la propriété rurale, base du régime social de l'Ukraine et de la Galicie, extravagances dont profitèrent l'Autriche et l'Allemagne, tout cela jeta le discrédit sur la Russie parmi les populations slaves.

Mais le fait que les contingents tchéco-slovaques, prisonniers des Russes au cours de la guerre, se rangèrent volontairement contre les bolcheviki du côté des patriotes, montre bien que toutes les attaches du monde slave avec la Russie ne sont point rompues. Quand sonnera le réveil national de la Grande-Russie, ce sera, certes, de nouveau à l'unisson du réveil de tous les autres États slaves. Ce n'est, en effet, ni dans les ruines de l'Autriche, ni en Pologne que ces *derniers trouveront un appui pour soutenir leurs revendications nationales.*

L'Autriche — ce fossile dans le monde moderne, selon le mot de M. Take Jonesco — qui constituait un État sans être une nation et qui, en réalité, n'était qu'une dynastie, un gouvernement et une armée, y fut toujours hostile.

Ayant abandonné depuis le XVIIe siècle toute lutte avec la Turquie, elle a toujours approuvé la politique d'oppression brutale de cette dernière. Puis, quand — grâce à la Russie, — les pays balkaniques eurent été libérés, elle ne cessa d'y semer des intrigues et des discordes. Poussée par les Magyars, ennemis héréditaires des Slaves, et se sentant forte de l'appui de l'Allemagne, elle médita, de concert avec celle-ci, de briser la puissance russe, et de détruire le prestige qu'elle exerçait sur le monde slave.

Quant à la Pologne, il faut l'avouer, les Polonais ont fait preuve d'une vitalité rare et d'une force de résistance peu commune en luttant contre la Russie, l'Allemagne et l'Autriche, qui voulaient les assujettir et annihiler leur sentiment national ; mais dans cette lutte, ils n'ont jamais solidarisé leur cause avec celle de leurs frères slaves. Bien plus, en Autriche, ils ont joué un rôle politique important, avec lequel comptait le gouvernement; ils se sont toujours montrés hostiles aux populations slaves opprimées. Ils étaient détestés par les Ruthènes et les Petits-Russiens de la Galicie, qu'ils traitaient en serfs. Ainsi séparés du monde slave par la religion et par tout son passé, la Pologne, même indépendante, ne pourrait assumer le rôle, tenu si longtemps par la Russie, de haut protecteur du panslavisme.

Il faut donc bien aboutir, en définitive, comme nous le disions tout à l'heure, à la reconstitution de la Russie ; seule solution normale et durable de ce dangereux problème.

V

Mazzini, le grand patriote italien qui prophétisa l'unité de son pays, a proclamé que les traditions de gloire et les souffrances du passé contribuent plus que tout à revivifier l'âme d'une nation.

De gloire et de souffrances, la Russie est riche, son histoire en témoigne. Dès le début de la guerre, des épreuves sans nom s'abattirent sur l'infortuné pays du fait de sa désorganisation. A ces misères sont venues bientôt s'ajouter les grossières humiliations infligées par la brutalité teutonne et les tortures raffinées de la bande bolcheviste. Avec une patience vraiment stoïque, le peuple russe a supporté le martyre de sa chair; l'épreuve n'aura pas été vaine. Elle aura pour conséquence la renaissance de l'âme populaire. La force des choses veut que le peuple russe soit demain tout autre qu'il était hier. Car il faut tenir pour certain qu'il tirera du malheur si longtemps subi, de nouvelles qualités d'énergie et de combativité. Pour moi, j'estime que pour beaucoup, le peuple russe de demain sera une véritable révélation.

On insinue parfois qu'il manque en Russie de patriotes ardents et éclairés, capables de se mettre à la tête du mouvement national. C'est une erreur; car il s'en trouve dans toutes les classes de la société, parmi les hommes de tous les partis politiques. La Révolution les a dispersés et parfois en a fait, pour un moment, des antagonistes; pour cela, leur effort isolé était demeuré jusqu'à présent infructueux. Mais qu'ils se sentent soutenus par le puissant appui moral et matériel du monde civilisé, ils oublieront bien vite leurs dissentiments et leurs querelles, cesseront leur guerre fratricide, et s'uniront pour former un gouvernement fort et populaire, dont le pouvoir émanera du droit et de la justice.

N'est-ce pas d'ailleurs ce que font actuellement les différents gouvernements d'Omsk, d'Arkangel, etc.? et ne forment-ils pas, dès maintenant, un bloc national opposé à l'anarchie du bolchevisme, et préoccupé, uniquement, en dehors de quelques divergences d'idées, dans le détail, d'arriver à reconstituer, par leur union, une Russie nouvelle, libre et forte?

J'ai indiqué au cours de ces pages les facteurs de tous ordres. capables d'influer sur la reconstitution de la Russie.

L'intervention des Alliés est de toutes celle dont on doit attendre le maximum d'efficacité.

Il est évident que les bandes rouges n'auraient pas tenu longtemps devant une armée de l'Entente qui se fût présentée sous les murs de Moscou; et le bolchevisme extirpé d'un seul coup de Russie, eût pu être plus aisément combattu dans tous les autres pays, où la propagande habile des camarades lui a fait pousser rapidement des racines multiples. C'est que le péril bolcheviste est infiniment plus grave et plus contagieux qu'on ne le croit et une révolution bolcheviste dans les pays occidentaux, bien que fatalement vouée à l'insuccès, n'en causerait pas moins des perturbations et des malheurs épouvantables.

Il est certain que si les puissances alliées ne réussissaient pas à rétablir l'ordre en Russie, ce serait nécessairement les puissances centrales qui assumeraient cette charge. Du même coup, la prépondérance des Alliés en Russie se trouverait définitivement compromise et une menace existerait pour l'avenir que les pays de l'Entente, et plus particulièrement la France, auraient à subir continuellement sans être à même d'en diminuer les dangers.

Avant même l'intervention des Alliés, il serait urgent qu'une déclaration collective intervînt, déclarant le bolchevisme et ses principes, contraires aux idées de droit et de justice soutenues par les nations civilisées et mettant du même coup les bolcheviki hors la loi; et décidant que tous les actes contre la propriété et contre les personnes ne seront pas considérés comme des actes politiques, mais comme des délits de droit commun pour lesquels l'extradition sera accordée par tous ces pays sur simple demande du gouvernement légal de Russie, aussitôt qu'il sera établi par la volonté populaire librement consultée: subsidiairement et dès à présent, confiscation des sommes déposées à l'étranger par les bolcheviki notoires (1).

(1) Il faut, en effet, éviter à cause de l'incalculable valeur des richesses de la Russie, qu'il puisse se produire entre les Alliés des conflits d'intérêts. Mais là n'est pas le seul danger; ces richesses sont le point de mire des capitalistes du monde entier: par conséquent un danger peut surgir aussi du côté des neutres, danger d'autant plus sérieux qu'il n'est au pouvoir de personne d'affirmer en toute certitude que dans cette conjoncture, on ne retrouverait pas derrière ceux-ci la main et la puissance de l'Allemagne.

Cette déclaration faite, l'action devrait s'engager sans retard. Car il est urgent de débarrasser la Russie du cauchemar bolcheviste: il est non moins urgent de ravitailler ces millions de gens qui depuis des mois souffrent de la faim et manquent de tout.

Pour donner les résultats attendus, l'action des puissances alliées en Russie, non seulement doit être immédiate, mais coordonnée; un seul chef, un maréchal Foch à désigner par les puissances de l'Entente.

Enfin, troisième condition, les bolcheviki chassés, l'ordre rétabli, une constitution réunie, les Alliés ne devront pas considérer leur mission comme terminée. Ils devront demeurer quelque temps encore pour empêcher tout retour offensif des éléments de désordre. Ils devront surtout se prodiguer économiquement pour évincer définitivement les convoitises allemandes et remporter ainsi la dernière et la plus profitable victoire de la guerre.

CONCLUSION

Nous avons dans ces quelques pages effleuré bien des questions, dont la principale est le danger que ferait courir à l'Europe entière, et même à l'Amérique, l'exploitation économique de la Russie par l'Allemagne; nous avons même à ce sujet fait cette remarque, qui pourrait paraître un paradoxe, que plus l'Allemagne sera abattue, plus elle trouvera de facilités dans sa mainmise sur la Russie, et par suite une compensation au désastre financier, industriel et commercial que lui aura valu sa défaite. Nous avons exposé le plan des Allemands; nous avons montré le jeu de leurs menées, et comment ils ont utilisé une partie des israélites et tout le mouvement bolcheviste.

Derrière cette agitation, inspirée par la recherche d'une nouvelle organisation sociale, — produit elle-même d'une idéologie subversive, — s'affirme le plan allemand qui, nous l'avons vu, consiste dans l'asservissement total de la Russie. Or, pour arriver à ce résultat, il est nécessaire de briser tous les éléments de résistance; c'est à quoi se sont précisément employés les éléments allogènes et une partie des juifs, dont est formé le bolchevisme. Leur effort n'a d'autre but que la suppression méthodique de tous les éléments d'ordre et d'énergie, de tout ce qui, dans la nation russe représente une valeur ou une force, et c'est ainsi que les bolcheviki ont supprimé les propriétaires fonciers, les officiers, le clergé, la bourgeoisie, tout ce qui peut représenter à quelque degré que ce soit un idéal quelconque, tout ce qui pourrait à un moment donné devenir pour le peuple un guide. Pour la réussite du plan allemand, il ne faut plus qu'il y ait dans la Russie affamée qu'un seul idéal : *avoir de quoi manger*. Voilà pourquoi à Petrograd et à Moscou on meurt littéralement de faim; et la dépression morale est telle que les intellectuels eux-mêmes en arrivent à n'avoir plus d'autre pensée, d'autre préoccupation que celle de trouver ce qu'il leur faut pour apaiser leur faim. Et pour parachever cette œuvre d'anéantissement, on a usé de tous les moyens de démoralisation, jusqu'à l'athéisme et la socialisation des femmes, afin de réduire ce peuple à n'être plus qu'un bétail humain, facile à conduire par qui lui assurera son existence matérielle (1).

Tel est le plan de l'Allemagne et les bolcheviki l'ont remarquablement exécuté, jusqu'à présent, seulement à ce jeu l'Allemagne a déjà perdu une partie de sa sécurité, car en jouant avec le feu, elle n'avait pas prévu le retour de flamme qui l'a atteinte et l'a mise dans la nécessité impérieuse de se défendre à son tour contre le bolchevisme.

D'autre part, combien de temps pourrait-elle encore compter sur le concours des maximalistes russes, car les jours du bolchevisme sont comptés; il agonise, et les efforts de ses chefs seront impuissants à le maintenir dans la forme qu'il revêt en ce moment. Mais l'atout de l'Allemagne c'est que le bolchevisme évoluera, et c'est alors qu'il sera pour la Russie et pour tous les peuples de l'Entente le plus redoutable danger.

En effet, l'évolution du bolchevisme en Russie tout autant qu'en Allemagne ne saurait se faire à gauche, puisqu'il se heurterait aux démocrates et qu'il est, par définition même, l'ennemi né de la démocratie. Il évoluera donc, nécessairement à droite, aux dépens précisément des démocrates, qui se trouveront les premières victimes de ce mouvement vers une restauration monarchique, car l'alliance du bolchevisme et de la réaction amènera ce coup de théâtre, qui surprendra seulement ceux qui n'auront pas compris ce qu'il y a d'essentiellement autocratique dans la formule bolcheviste. Et pour le redire, en passant, c'est cette ressemblance dans les procédés de la dictature bolcheviste avec ceux de l'autocratie, qui a amené le mouvement séparatiste, ou, plus justement, qui l'a consolidé et élargi.

---

(1) Ce plan, nous l'avons vu, ne date pas d'hier; les citations des auteurs pangermanistes que nous avons données prouvent péremptoirement qu'il date de longtemps. Mais pour avoir pris naissance en Allemagne et y avoir été magistralement élaboré, il ne s'ensuit pas qu'il n'intéresse que l'Allemagne. Il faut au contraire tenir pour absolument certain qu'il est de nature à séduire tous les capitalistes peu scrupuleux à quelque nationalité qu'ils appartiennent; et à regarder de près, on s'apercevrait facilement qu'il paraît tenter un certain clan parmi les banquiers juifs d'Amérique, et que sa réalisation au profit des pays anglo-saxons sourirait volontiers aux habituels lecteurs de la *Manchester-Guardian*.

C'est pour éviter ce retour à l'autocratie, que tous les patriotes russes éclairés souhaitaient, et souhaitent encore une intervention de l'Entente, et non seulement pour cela, mais pour éviter la réussite du plan d'absorption de la Russie par l'Allemagne.

Sans doute, par la force des choses, et que l'Entente intervienne ou non, la Russie se remettra d'aplomb; cependant, si l'intervention n'a pas lieu, l'Entente, en dehors des éléments germano-bolchevistes qu'elle aura contre elle, s'aliéniera de plus tout le parti ententophile, c'est-à-dire le parti démocrate. Dans ces conditions, il faut bien l'avouer, l'Allemagne aura beau jeu; elle pourra beaucoup à l'aide des sympathies qui lui sont dès maintenant acquises, et de celles que lui amènera le désappointement de ceux qui espéraient dans l'intervention de l'Entente pour réorganiser la Russie, et en faire véritablement une démocratie, et qui verront tous leurs rêves, toutes leurs aspirations anéanties; car l'Allemagne pourra faire alors de la Russie ce qu'elle voudra; et quand elle en sera devenue vraiment la maîtresse, quand elle tiendra les finances, le commerce, l'industrie, et jusqu'à la terre, alors, il n'y aura plus de tranquillité possible pour l'Europe; car dès ce moment, les richesses immenses, incalculables de la Russie, de son sol et de son sous-sol, mettront l'Allemagne à l'abri d'un nouveau blocus; et si l'on veut réfléchir au nombre d'hommes qu'elle pourrait lever en cas de guerre, on se rendra compte qu'il n'y aurait plus alors de société des nations ou d'alliances capables de protéger l'Europe et que l'Amérique elle-même serait impuissante, même en jetant dans la balance le poids formidable de ses hommes, de son travail et de son argent, à contrebalancer la force que représenterait l'Allemagne et la Russie ne faisant plus, pour ainsi parler, qu'un seul peuple.

Plaise à Dieu que cette hypothèse ne se réalise jamais, et espérons que malgré les campagnes plus ou moins franches menées contre l'idée d'une intervention, l'Entente trouvera le moyen de s'opposer à cette germanisation de la Russie et d'empêcher une restauration opérée sous l'égide de la monarchie prussienne, laquelle va incontestablement réapparaître après le camouflage du bolchevisme.

Certes, la prévision d'une restauration du despotisme autocratique peut sembler un nouveau paradoxe (1), surtout opérée par les partis socialistes avancés; mais l'histoire, on l'a dit, est un éternel recom-

(1) Évidemment nous n'entendons pas la chose dans le sens d'une restauration tsariste, mais dans celui d'une restauration qui serait à celle-ci, ce que l'Empire fut en France en regard de la monarchie de droit divin.

mencement. N'a-t-on pas vu la restauration des Stuarts par Monk, et pourtant les covenantaires de Cromwel étaient autrement convaincus que les bolcheviki, et d'autre part, qui pourrait affirmer que quelqu'un des acolytes de Lénine (1) ne médite pas de jouer quelque jour le rôle d'un Fouché et de devenir ministre d'État d'un nouvel empereur de toutes les Russies comme Fouché le fut un instant de Louis XVIII?

Et d'ailleurs, Joseph de Maistre n'a-t-il pas fait cette constatation lamentable mais dont l'exactitude ne saurait être contestée, que tous les maîtres de la Révolution française qui, — pour l'honneur de leur mémoire, — n'ont pas eu la chance de porter leur tête sur l'échafaud sont morts « *comtes de l'Empire* ».

Il n'y aurait donc dans la volte-face de certains dirigeants d'aujourd'hui rien de nouveau, ni qui pût surprendre.

A la vérité une telle restauration faite de concert avec l'Allemagne, serait loin d'être souhaitable; la véritable solution nous paraît, — nous l'avons montré, — l'établissement, dans l'avenir, d'une fédération slave, comprenant, outre la Russie, tous les pays nouvellement formés (Pologne, Yougoslavie, Serbie, etc.), assez fortement organisée et assez puissante pour se dresser comme une digue infranchissable devant l'envahissement de l'Allemagne, parce qu'elle constituerait en un seul faisceau fortement uni, tous les peuples d'origine slave.

Évidemment cette fédération ne sera possible que le jour où l'unité de la Russie se trouvera reconstituée, et quand elle se sera donné un gouvernement librement choisi et accepté par le peuple. Quant à la forme de ce gouvernement, qu'il s'agisse d'une monarchie ou d'une république, la chose est en soi, pour un patriote russe, de peu d'importance; ce qu'il faut éviter, c'est l'ingérance de l'Allemagne dans cette restauration quelle qu'elle soit.

C'est à cela, croyons-nous, que doit travailler l'Entente; moins, certes, à y réfléchir dans l'intérêt de la Russie, que dans celui de l'Europe tout entière, et de la paix du monde.

Mars 1919.

(1) Nous faisons crédit à Lénine que, jusqu'à preuve du contraire, nous continuerons à considérer comme un sectaire convaincu.

IMPRIMERIE CHAIX, RUE BERGÈRE, 20, PARIS. — 6304-5-19. — (Encre Lorilleux).

LA FRANCE NOUVELLE publiera

les Conférences de l'Union française

sur la RÉFORME DE NOTRE ÉDUCATION NATIONALE

Émile BOUTROUX . La Réforme de notre éducation nationale.
de l'Académie française.

Henri JOLY . . . . L'Éducation familiale.
de l'Académie des sciences morales.

Paul GAULTIER . . L'Éducation du caractère.
Secrétaire général de l'Union française.

Édouard LE ROY. . L'Éducation philosophique.
Professeur suppléant au Collège de France.

Abbé CALVET. . . L'Éducation morale.
Agrégé de l'Université, directeur d'études au collège Stanislas.

Abbé SERTILLANGES L'Éducation religieuse.
de l'Académie des sciences morales.

GLAY . . . . La Réforme de l'enseignement primaire.
Secrétaire général de la Fédération des instituteurs.

Gustave BELOT . . La Réforme de l'enseignement secondaire.
Inspecteur général de l'Instruction publique.

Charles DIEHL. . . La Réforme de l'enseignement supérieur des lettres.
de l'Institut, professeur à la Faculté des Lettres

Georges LECOMTE . L'Enseignement par les conférences.
Président de la Société des gens de lettres.

A. HALLER . . . . La Réforme de l'enseignement supérieur des sciences
Professeur à la Faculté des sciences, membre de l'Académie des sciences.

G. HÉBERT . . . . L'Éducation physique, avec démonstrations.
Lieutenant de vaisseau.

Professeur LETULLE L'Enseignement de l'hygiène.
de l'Académie de médecine.

C. KULA . . . . . . Le Préapprentissage et l'apprentissage.
Fondateur de l'école de préapprentissage des Épinettes.

Georges HERSENT . La Nécessité de l'enseignement technique.
Ingénieur-constructeur.

Charles NICAISE. . . L'Enseignement professionnel.
Administrateur délégué de la *Lorraine-Dietrich.*

Léon GUILLET . . . L'Enseignement technique supérieur.
Directeur des études techniques au Ministère du commerce.

Paul DELOMBRE. . L'Enseignement commercial.
Ancien ministre du Commerce.

Général COTTEZ . . L'Enseignement militaire.
Directeur de l'infanterie au Ministère de la guerre.

Jean AICARD . . . L'Éducation civique.
de l'Académie française.

LA FRANCE NOUVELLE

REVUE MENSUELLE

TIENT SES LECTEURS AU COURANT DE TOUTES
LES MANIFESTATIONS DE LA VIE FRANÇAISE

Publie des Chroniques :

L'Orientation Intellectuelle, par M. F. Roz.

L'Orientation Scientifique, par M. A. Berget, profes. à l'Institut océanographique.

L'Orientation Artistique, par M. Jacques Blanche.

L'Orientation Musicale, par M. Pierre Lasserre.

L'Orientation Industrielle, par M. H. Hauser, professeur à la Faculté des lettres de Paris.

L'Orientation Agricole, par J.-H. Ricard, ingénieur agronome.

L'Orientation Financière, par M. R.-G. Lévy, de l'Institut.

L'Orientation Coloniale, par M. Joseph Chailley.

L'Orientation Sociale, par M. E. Laskine.

L'Orientation des Mœurs, par M. Georges Lecomte, président de la Société des Gens de lettres.

PRINCIPAUX ARTICLES PARUS DANS « LA FRANCE NOUVELLE » EN 1918

Les Conférences de l'Union française : Louis Barthou, ancien président du Conseil, *Qui est responsable de la guerre?* André Lichtenberger, *L'Avenir du Maroc;* Henri Welschinger, de l'Institut, *La question d'Alsace-Lorraine;* E. Laskine, *Les Visées pangermanistes du socialisme allemand.*

Questions morales : professeur Debove, secrétaire perpétuel de l'Académie de médecine, *Les Ravages physiologiques de l'alcoolisme;* Henri-Robert, bâtonnier de l'Ordre des avocats, *L'Alcoolisme et la Criminalité;* L. Jouhaux, secrétaire général de la Confédération du travail, *La Nécessité de lutter contre l'alcoolisme;* Mgr Gibier, évêque de Versailles, *Avoir un Foyer;* Paul Gaultier, *L'Individualisme, La Jalousie;* L. Dugas, professeur à la Faculté de Rennes, *La Psychologie et la Guerre.*

Questions artistiques : Jean Chantavoine, *La Musique française après la guerre.*

Questions sociales : Imbart de la Tour, de l'Institut. *Un Canton de France pendant la guerre;* E. Laskine, *La Lutte des classes.*

La Réforme de l'éducation : Jean Aicard, de l'Académie française, *Petit dialogue sur la grande question;* Georges Hersent, *Principes d'éducation moderne;* Gustave Belot, inspecteur général de l'Instruction publique, *La Valeur pédagogique des travaux manuels;* Dolidon, *L'Éducation ménagère.*

Questions économiques : Ch. Gide, professeur à la Faculté de droit de Paris, *Le Devoir d'économiser;* Henri Hauser, professeur à la Faculté de Dijon, *Un nouveau Catéchisme économique.*

Questions industrielles : Legouez, de la Chambre de commerce de Paris, *L'Application des méthodes américaines à l'industrie française.*

Questions agricoles : A. Souchon, professeur à la Faculté de droit de Paris, *La main-d'œuvre agricole après la guerre.*

Théâtre : Jean Aicard, de l'Académie française, *L'Assisté* (un acte en vers), *La Carte postale* (un acte en vers); H. André Legrand, *La reine Wanda.*

Contes et nouvelles : René Boylesve, *L'Intransigeant;* Charles Géniaux, *Madame de Bohal.*

PRIX DE L'ABONNEMENT : 25 FRANCS PAR AN

Les membres de l'UNION FRANÇAISE reçoivent gratuitement ***cette Revue*** *et des* ***Cartes pour les Conférences.***

Pour devenir Membre de l'UNION FRANÇAISE, remplir le Bulletin ci-dessous.

BULLETIN DE SOUSCRIPTION

*Je soussigné déclare souscrire à l'**Union Française** en qualité* (1) { *d'adhérent* / *de sociétaire* / *de donateur* } *une*

cotisation annuelle de (1) { **25 fr.** / **100 fr.** / **1.000 fr.** } (1) { *que je prie l'**Union française** de percevoir à l'adresse ci-dessous.* / *que j'envoie en mandat-poste.* }

Le .... *19*.........

(Signature)

Nom, prénom et profession du signataire ....

....

Adresse ....

(1) Effacer les formules dont on ne veut pas.

Adresser ce bulletin à M. Paul GAULTIER, 286, boulevard Saint-Germain, Paris (7e arr

www.ingramcontent.com/pod-product-compliance
Lightning Source LLC
LaVergne TN
LVHW010005230826
846092LV00002B/655